C'est en hiver que les jours rallongent

Joseph Bialot

C'est en hiver que les jours rallongent

récit

Éditions du Seuil
27, rue Jacob, Paris VIe

Ce livre est édité par Patrick Salvain

ISBN 2-02-054183-1

www.seuil.com

Question posée à un déporté rescapé qui devint rabbin après trois ans de camp : « *Où était Dieu à Auschwitz ?* »

Réponse : « *Où était l'homme ?* »

A Gérard, à Gilles
et à toute ma famille

Un soir, il y a quelques années de cela, je feuilletais un bouquin en attendant l'heure des infos à la télévision.

Son coupé, je jetais par intermittence un coup d'œil sur le téléviseur.

Sans préavis, une image capte mon attention. Une photo de barbelés encadrant un ensemble de bâtisses en briques, d'arbres, de miradors. Pas de doute, le décor incrusté sur l'écran est celui d'un Lager, d'un camp. Plus précisément : Auschwitz. Le camp central, Auschwitz I. Mon lieu de séjour en 1944.

J'ignorais que, ce soir-là, FR3 passait *La mort est mon métier*, le film tiré de l'ouvrage de Robert Merle.

Mais un détail m'impressionne, m'intrigue, les arbres !

– Où ont-ils donc tourné ? Ces arbres n'existaient pas à Auschwitz I.

Éclair. Mémoire idiote. Il y avait des arbres au camp. Ils venaient d'être plantés, de jeunes arbustes encore soutenus par leurs tuteurs. Et, plus de quarante après, ils étaient montés à l'assaut du ciel.

Le lendemain, encore étonné de ma découverte, j'en fais part au téléphone à une amie, une ancienne de Bergen-Belsen, Isa C. Sa réponse arrive d'un jet.

– Que veux-tu, les arbres ont poussé après notre mort.

On ne compte plus les récits sur la déportation. Ils se sont accumulés.

En vain. Tout le monde écoute, personne n'entend. Peut-être l'horreur ne peut-elle s'écrire qu'avec des hiéroglyphes non encore décryptés à ce jour.

Malgré tout leur talent, les quatre auteurs qui ont le plus fidèlement rendu compte de ce magma infernal, David Rousset, Robert Antelme, Primo Levi, et André Lacaze sous une forme plus légère, n'ont fait que décrire la partie visible de l'iceberg. Il semble impossible d'aller au-delà, sauf à prendre le risque de délirer.

Il y a, dans l'histoire des camps, « quelque chose », présent chez les survivants, qui ne peut être ni défini ni décrit en termes humains. La mort vécue ne peut pas se raconter, pas plus qu'on ne peut regarder le soleil en face ou rester indéfiniment sous l'eau. Auschwitz ne peut pas être « mis en mots », ni en images, ni en sons.

La Dernière Étape, film polonais, première tentative de raconter le Lager, n'était qu'un salmigondis propagandiste issu du stalinisme.

La Liste de Schindler ne montrait que de la déportation mélo à la Hollywood et ne valait que par l'extraordinaire séquence de l'arrivée du train à Auschwitz. Encore que rien ne puisse rendre compte de l'effroyable odeur de l'angoisse sécrétée par des humains vivants en voie de décomposition. Un « objectif » n'est pas fait pour ça.

Dans *La vie est belle*, Roberto Benigni ne s'en sortait que grâce à l'artifice du conte substitué au réel.

Art Spiegelman, lui, a utilisé la technique de la BD dans *Maus*. Quant à Claude Lanzmann, dans son remarquable *Shoah*, il a été obligé de passer par la périphérie, en faisant parler des témoins. Il a réalisé en quelque sorte un film sans images.

Alain Resnais, dans *Nuit et Brouillard*, ne dévoilait que les conséquences physiques de l'extermination, jamais le quotidien qui a conduit à « Ça ». Idem pour ce correspondant de guerre auprès des Alliés, réalisateur d'un étonnant document sur la libération de Bergen-Belsen, entièrement tourné dans un plan-séquence bouleversant.

La caméra voit, elle ne ressent pas. Elle ne peut pas montrer le gouffre qui s'ouvre en chaque individu lorsque, lucide, il commence à vivre son propre deuil. Ce n'est pas la peur de la mort qui est en cause, mais la « chose » indescriptible, l'instant indicible où s'effondrent toutes les structures morales, religieuses ou autres que chacun a construites durant son existence. C'est l'écroulement de son vécu qu'il est impossible de traduire, ce moment où chaque déporté plonge dans… QUOI ?

Malgré tout, comme d'autres, j'ai tenté de l'évoquer partiellement, en le romançant, dans *La Gare sans nom*[1] ou *La Nuit du souvenir*[2]. Hélas, l'imaginaire est déformant. C'est brut, au premier degré, au niveau du coup de poing dans la gueule, sans chercher d'explications, qu'il faut essayer de rendre présent ce qui ne peut être regardé, de montrer ce qui est impossible à dire.

A Auschwitz, chaque individu perdait brutalement tout le vernis « civilisateur » accumulé sur lui depuis des millénaires et résumait, à lui seul, toute l'histoire de l'espèce depuis l'apparition du premier homme sur la terre. Au camp, chaque petit bonhomme se présentait nu sous un microscope

1. Paris, Éd. du Seuil, 1998.
2. Paris, Gallimard, « Série noire », 1990.

géant, dévoilant, grossies un million de fois, la bassesse et la grandeur contenues dans l'être humain. Se côtoyaient la lâcheté et l'héroïsme, le courage inconscient et la peur abjecte, ou encore la violence du truand et la sainteté de Mala la Belge, condamnée à la pendaison pour s'être évadée et qui, la corde au cou, dans un dernier sursaut, s'ouvrit les veines devant tout le camp rassemblé, gifla et barbouilla de sang le visage du chef de camp SS, le *Lagerführer*.

Sans compter des actes inimaginables comme le « NON » prononcé par un anonyme français refusant de « sélectionner » ses compagnons à la place du SS, ou le geste de ce compagnon de chaîne qui, ayant trouvé une planque, « acheta » un paquet de biscuits pour les distribuer, un certain jour de l'An 1945, à ses copains de convoi hospitalisés.

Sans oublier non plus la solidarité organisée par les communistes, la passive résignation héroïque des religieux, le combat incessant des politiques, poignée de triangles rouges, dans l'administration, pour essayer d'« adoucir » la vie quotidienne, la lutte de certains médecins pour atténuer la souffrance, le cas, non isolé, du père d'une de mes amies se jetant sur les barbelés électrifiés par peur de craquer moralement, les femmes de Birkenau, filles de toute l'Europe, qui ont fait preuve entre elles d'un altruisme inconnu chez les hommes, et l'imagination de cet enfant de neuf ans que j'ai nommé ici Yanek. Au Lager, tout était possible, même le plus invraisemblable. Oui, Auschwitz a aussi été tout cela, une invraisemblable vérité.

Quelques années ont passé mais je n'ai jamais oublié les mots d'Isa C.

Et m'est venue l'envie de témoigner, tout simplement, comme ça vient, comme tout revient, en vrac, les visages, les lieux, les mots, les odeurs, les goûts et les dégoûts, de parler des camps comme on vide son sac, chez un analyste, par simples associations d'idées, de dire la vie, ou plutôt le temps de la mort vécue et les jours qui ont suivi…

Ça me reprend chaque hiver. Chaque mois de janvier, je revis l'histoire insensée de la libération d'Auschwitz, car c'est sous le couvercle neigeux qui rendait le camp immaculé, le samedi 27 janvier 1945, aux environs de midi, sous un soleil printanier malgré le froid de glace qui avait gelé la Zola, un affluent de la Vistule qui bordait le camp, que les journées ont recommencé à rallonger pour moi et le petit groupe de cadavres en sursis restés là par hasard.

Joseph Bialot, Paris, 2001.

« Ne me secouez pas,
je suis plein de larmes. »
HENRI CALET, *Peau d'ours.*

Odessa. 2 mai 1945.

Ultime hurlement de sirène. La dernière amarre larguée, un espace liquide apparaît entre le quai et le *Bergensfjord*.

Lentement, très lentement, la brèche s'agrandit et le paquebot, aménagé en transport de troupes, se dirige vers la passe : porte magique sur la mer Noire, en direction du Bosphore et d'Istanbul, avec pour objectif final Marseille.

Le navire arbore les couleurs de la Norvège, tout au moins de la fraction qui s'est engagée aux côtés des Alliés dans ce conflit dont on entrevoit maintenant la fin. A la poupe du bateau, guerre oblige, un canon recouvert d'une housse plaque une image surréaliste sur la plage arrière.

Odessa s'éloigne. Odessa, ville mythique, ville martyre. Odessa où je n'ai fait que transiter durant quelques jours.

Avec les autres passagers, j'ai descendu l'escalier du port que je ne connaissais que par ouï-dire, *Le Cuirassé Potemkine* n'ayant jamais été projeté en France avant la guerre.

C'est l'heure des adieux!

Adieu à la route Auschwitz-Odessa, adieu aux kilomètres de ruines qui jalonnent le parcours Cracovie-mer Noire. Les ruines… nouvelles bornes sur le chemin du désastre. L'est de l'Europe n'est plus que ça : un magma de gravats. Humains, urbains, religieux, idéologiques. Tout ce qui permettait à un homme de supporter sa condition, toutes les conventions, tous les idéaux, toutes les croyances se sont fracassés sous le nazisme et ne sont plus qu'un amas géant de pierres, de cendres et de poussières.

Adieu à l'URSS, adieu au peuple immense d'un pays immense, adieu à ces hommes et femmes, européens et asiatiques, que j'ai croisés durant trois mois et sept jours. Le compte est bon, les soldats sont arrivés le 27 janvier au Lager et nous sommes le 2 mai 1945. Et, aussi, un dernier adieu aux copains morts. Non, pas adieu, un simple au revoir. Je sens que, ceux-là, je n'arriverai jamais à les extraire de mon souvenir. Punition des survivants : trimballer avec eux, en eux, les ombres, les images, les odeurs, les cauchemars. Salut, les spectres…

Il fait nuit maintenant et, tous feux éteints, le bateau trace sa route dans une mer ample. Interdiction de fumer sur le pont, une cigarette allumée se voit de très loin dans l'obscurité et, sait-on jamais, un dernier sous-marin allemand égaré peut balader ses torpilles dans le coin.

Découverte du *Bergensfjord*, de l'immense dortoir aux hamacs suspendus près de tinettes géantes destinées à recevoir les vomissures de ceux qui ne supportent pas les mouvements de l'ex-paquebot. D'ailleurs, ça roule fort et les premiers malades font leur apparition.

Dîner. Le réfectoire, où j'ai droit au repas, se compose de tablées pour quatorze personnes. Étonnant ! Je suis seul à ma table, les autres, indisposés par la houle, ont disparu.

Croisière. Je rentre d'un camp allemand et savoure un curieux menu, celui des transports de l'armée britannique, car si le navire vogue sous pavillon norvégien, l'état-major et l'équipage sont incontestablement composés d'une majorité de Britishs.

Je déguste mon repas. J'ai repris du poids chez les Ruskofs, ce qui me redonne un aspect humain. Désormais, je mange normalement, du moins en apparence, car je ne broie plus les aliments comme une meule. J'ai cessé de déglutir comme un animal affamé. Premier signe d'un retour à la civilisation... En fait, j'ai toujours faim dans ma tête et je pense sérieusement que toutes les nourritures du monde ne combleront jamais le gouffre qui s'est creusé dans mon estomac. Je crois que je n'aurai jamais besoin d'une cloche pavlovienne pour saliver. Mon seuil de réaction devant la famine a été franchi une fois pour toutes et m'a marqué pour la vie.

Les autres tables sont plus garnies, occupées surtout par une population hétéroclite et plurinationale. Des prisonniers de guerre français et anglais, des STO bien de chez nous, des rescapés des camps, quelques citoyens hollandais et belges dit-on, plus sans doute, incognito, quelques assassins-collabos de la LVF[1] ou des Polonais de l'AK[2] qui craignent les Rouges, comme ils disent, et qui ont réussi à se joindre à tous ces voyageurs sans bagages dont la tête regorge de chocs, de bombes, de cadavres, de suppliques, de cris, de pleurs, de sang, de ruines, de sadiques, de regards d'enfants qui n'ont pas eu le temps de grandir mais que la violence subie a rendus adultes, de famines, de plaies, d'incendies, de chevaux éventrés aux tripes dégoulinantes et figées par le gel sur la route de

1. Légion des volontaires français contre le bolchevisme.

2. *Armia Krajowa*, la Résistance nationaliste polonaise non communiste.

Cracovie, souvenirs encombrés par les ruines de Jmerinka, les épaves de tanks dont le métal à la peinture arrachée semble saigner lui aussi. La guerre.

Et là-dessus une croisière…

Allongé dans mon hamac, j'essaye de dormir. Impossible, devant le défilé de ceux qui dégueulent dans les récipients, parade qui ne cesse pas. Je ne savais pas que je supportais la mer. Il est vrai que j'ignorais tant de choses avant mon arrestation. En deux ans, depuis que j'ai quitté ma famille, j'ai accompli le plus incroyable cursus des « sciences de l'homme » qu'un individu puisse faire.

Je suis devenu majeur en prison. J'ai eu vingt et un ans dans la cellule 21, bâtiment C, à la prison Saint-Paul de Lyon. Le lendemain, 11 août, j'ai été déporté. J'étais jeune, beau (du moins selon ma mère), puceau, idéaliste et croyant.

Retour… J'ai l'âge de l'univers et, toujours puceau, j'ai envoyé l'idéal se faire foutre et Dieu se promener dans les nuages de cendres humaines qui couvrent l'est de l'Europe. Il est vrai que les voyages forment la jeunesse. Je suis formé pour l'éternité et j'ai perdu ma jeunesse. Quant à être beau… J'attendrai de savoir si j'ai encore une famille, si ma mère… Depuis l'été 44, nous nous sommes perdus de vue.

Je ne supporte plus davantage le bruit des vomissements. Je me lève, entreprends une longue balade dans les tripes du navire et déniche, à fond de cale, la prison du bord. Elle est vide, la porte de la cellule de force est ouverte. Je m'allonge et m'endors sur la planche qui sert de lit.

Depuis ma sortie du Lager, des planchers, des tables, des n'importe quoi, j'en ai connu quelques-uns en lieu et place de sommiers et matelas. Au début, on se réveille brisé en se demandant en combien de morceaux son squelette s'est disloqué. On compte les pièces détachées puis on s'y fait, et on finit par très bien dormir à même le sol, avec une veste roulée comme oreiller.

*

Réveil à l'aube.

Stupeur devant les couleurs douces et violentes qui accourent vers le navire. Le Bosphore est là, devant la proue, et offre à la population éberluée du paquebot un paysage de châteaux forts, de villas, de ports minuscules échoués sur une mer pastel. A tribord, c'est l'Europe, sur la gauche, le commencement de l'Asie.

Le *Bergensfjord* glisse au ralenti dans le détroit, au milieu d'un flot continu de canots et de navires de toutes sortes, torpilleurs gris, barcasses de pêcheurs, cargos. Un parfum oublié accourt de la terre : les lilas sont en fleur sur la rive européenne et leurs effluves nous tordent les narines. Un premier souffle inhumain pour des hommes habitués à ne sentir depuis des millénaires que l'odeur de la merde, le fumet acide et si particulier de la crasse, les remugles de la mort et du désespoir.

Les passagers sont tous sur le pont. Personne ou presque ne connaissait le Bosphore et les hommes, sortis du trou du cul du monde, redécouvrent la beauté et la paix à l'entrée d'Istanbul.

Escale.

Le navire est immobile et la houle de la mer Noire a pris la poudre d'escampette.

Remue-ménage. Une flopée d'uniformes, de civils (des vrais ! pas les ex-clochards que nous sommes), d'agités de tout acabit encadre une femme aux cheveux blancs qui s'avance sur l'échelle de coupée. Elle marche, souriante, et des hourras retentissent. Qui est-ce ?

– La femme de Churchill ! répond la rumeur.

Vrai, faux ? Il n'empêche que des oranges sont offertes aux citoyens de Sa Gracieuse Majesté. Les autres, dont je suis, resteront privés de dessert. Comment écrit-on frustration dans un monde d'hommes encore exemptés de vie il y a quelques semaines ?

Fin du salut aux héros de la dernière guerre. La femme – il paraît qu'on l'appelle lady Clementine – et son escorte rejoignent la terre ferme.

Le *Bergensfjord* reprend sa route vers les Dardanelles que nous passerons dans l'obscurité.

Deuxième nuit à fond de cale. Simon est venu me rejoindre. Lui non plus ne supporte pas les allées et venues du dortoir.

Simon…

Il y a trois mois, je ne le connaissais pas. C'est au block 19, un des quatre bâtiments qui formaient le *Krankenbau* – le « KB », ou « HKB », le *Häftlingskrankenbau*, l'hôpital du camp central, d'Auschwitz I – que je l'ai rencontré.

Il a largement dépassé la quarantaine, Simon, et c'est un être en fin de course. Pas physiquement, d'ailleurs, mais à l'intérieur tout s'est cassé. Sa gueule de type sain, son corps souple font encore illusion, mais ce ne sont plus que des enveloppes qui camouflent le vide. Il a un mufle d'homme normal, mon pote, mais, déporté de Paris avec sa femme et sa fille, il les a vues, à l'instant de la séparation sur la Rampe[1], monter dans un camion. Depuis, il a su ce que signifiait l'offre des SS aux épuisés, aux vieux, aux enfants.

1. La Rampe : le quai d'arrivée à Birkenau – Auschwitz II.

– Que ceux qui sont fatigués montent dans les camions. Ils arriveront au camp plus vite et sans effort.

Lorsque, un soir de larmes, il me l'a raconté, je me suis souvenu de mon apprentissage de pseudo-catho durant l'Occupation. Il me semblait logique, alors, de renforcer ma fausse identité par quelques connaissances évangéliques. Et j'ai lu… « Heureux les affligés, heureux les affamés, heureux les cœurs purs, car ils verront Dieu… » Oui, ils l'ont vu et plus vite qu'ils ne l'ont voulu.

La famille de Simon n'a pas connu le camp. Du wagon à la cheminée après le transit habituel par la chambre à gaz.

Oui, des désespérés, j'en ai croisé quelques-uns. Chez lui, ça se manifeste par un silence presque permanent. Ce n'est que lorsqu'on arrive, brièvement, à l'extraire de son mutisme que l'on découvre l'écorché. Je crois qu'il est fou, l'ami Simon, un peu plus fou que ceux que je fréquente depuis des mois, mais qui peut prétendre être sain d'esprit après le passage au Lager ?

Simon m'a pris en sympathie et je suis devenu une sorte de fils ou de frère cadet pour lui. Nous sommes sortis d'Auschwitz ensemble et ne nous sommes plus quittés.

– Tu n'as pas une cigarette ?

– Non, *fertig*, terminé. J'ai fumé la dernière Philip Morris avant d'embarquer et je n'ai plus rien.

A Odessa, les Russes nous ont équipés pour le retour. Plus personne, dans le groupe de déportés, ne porte désormais le pyjama à rayures des camps.

J'arbore la tenue d'été de l'Armée rouge, avec une *roubachka*[1] aux boutons frappés de la faucille et du marteau, des jodhpurs et des bandes molletières. Terminé de porter une *Mütze*[2] sur la tête. Maintenant, mon crâne s'orne du calot des Soviétiques avec une superbe étoile rouge comme décoration.

Mes bottillons étant hors d'usage, j'ai touché d'étranges et confortables chaussures, britanniques paraît-il, qu'ils appellent des Clark's, et nous avons, enfin, pu renoncer à la *machorka* dont je n'ai jamais su la composition : était-ce du tabac ? De l'écorce d'arbre ? En tout cas, fumé, ça arrache tout sur son passage. Entre la bouche et les bronches, c'est un véritable décapant que l'on inhale. Et, surprise, j'ai découvert les cigarettes

1. La *roubachka* est la chemise russe traditionnelle avec boutonnage sur le côté du col.

2. Le béret des camps.

américaines, les Philip Morris, dans des emballages couleur caramel. Origine ? L'aide américaine à l'URSS.

L'envie de cigarette nous taraude, Simon et moi. Aucune statistique ne dira jamais combien de déportés ont encore abrégé le court temps de vie qui leur était imparti en échangeant, au camp, leur ration de pain contre du tabac. Raison de plus pour fumer maintenant que nous sommes libres, ici nous n'abrégeons que notre temps d'ennui en grillant une sèche.

A bord, la cantine militaire anglaise vend des Woodbine, mais seulement contre espèces sonnantes et trébuchantes. Nous n'avons pas un kopeck russe, un centime français, un grosz [1] polack et encore moins de livres anglaises. « Pas d'argent, pas de Suisses... » disait-on au XVIIIe siècle. La règle est la même ici : pas d'argent, pas de fumette !

– Attends, j'ai peut-être une solution. La vodka !

Au moment d'embarquer, Simon a réussi à passer, à travers les mailles des flics russes aux casquettes vertes, le NKVD, une bouteille de vodka achetée à un Ukrainien, sur le quai de la gare de Jmerinka, en échange d'une veste de déporté à rayures.

1. Centième d'un zloty, la monnaie polonaise.

C'est sa seconde aventure avec la vodka. La première date de Cracovie.

Nous venions d'apprendre qu'il existait à Lublin, capitale provisoire de la Pologne, une mission militaire française dirigée par un certain commandant Fouchet qui s'occupait, entre autres, du rapatriement des Français qui erraient par milliers dans le sud-ouest du pays, et nous avions décidé d'y aller.

Mais comment ? Les voies ferrées polonaises n'existaient pratiquement plus. Pas de liaison par train avec Cracovie. Le seul moyen de transport possible était l'utilisation des camions de l'armée soviétique. Avec l'alcool comme seule monnaie acceptée par les tringlots russes. Ainsi va l'unité monétaire, fluctuante selon le lieu et le moment. A Auschwitz, la devise était la cigarette.

Et nous voici partis à la chasse à la vodka. Argent ? Aucun. Simon me dit : « Tu vendras ta veste ! »

Ma veste ! Une splendeur. Mes fringues, les seuls biens que j'ai sortis du camp avec ma peau. Et le vêtement vaut plus qu'elle. J'ai une nouvelle notion de l'ordre des valeurs depuis que je me balade en liberté au pays de la mort.

Ma veste ! Je l'ai dénichée à Auschwitz. Lorsque j'ai pu m'habiller en civil, je n'ai eu que l'embarras du choix dans l'immense dépôt de vêtements d'hommes disparus. Dans ce vestiaire hors du commun, gigantesque entrepôt de suaires de fantômes, j'ai trouvé des nippes à ma taille et, lorsque j'ai quitté le Lager, j'arborais, l'une sur l'autre, trois chemises de soie que j'avais découvertes là, plus un pull épais et une superbe veste de chasse. Le tout couvert d'un de ces manteaux fourrés comme on n'en trouve que dans les pays de glace. J'ai aussi chaussé des bottillons en chevreau, un vrai délice après les grolles concentrationnaires, mais un peu fragiles pour la neige du pays polack.

Vendre ma veste… Un vrai crève-cœur. Mais pas d'autre solution si nous voulons quitter la Babel de Galicie. Et nous voilà, baguenaudant au marché de Cracovie, à la recherche du Graal qui va nous mener à Lublin : la vodka.

Cracovie… Tous les débris que la guerre a libérés, tous les raflés, les mobilisés, les prolos exilés du travail obligatoire ainsi que les volontaires, les épaves des exodes de l'Est, les rescapés des trous à rats creusés dans les ghettos pour échapper aux SS sont là, à chaque carrefour, dans chaque ruelle.

On croise des gueules de toute l'Europe, métissées de faciès nord-africains, de visages aux pommettes slaves, d'yeux légèrement bridés aux nuances étalées du bleu presque transparent au marron le plus soutenu. Les chevelures arborent toutes les teintes, du blond lumineux au noir le plus profond, mais nombreux sont les crânes rasés des rescapés des stalags et des camps.

Les silhouettes, parfois très jeunes, vêtues d'oripeaux, de restes d'uniformes aux couleurs passées, de fringues innommables, sont en majorité minces, voire maigres. Personne ne mange à sa faim et cela se voit.

Ça jacasse, parle, pète, roucoule, rote en russe, en letton, en magyar, en français, on s'injurie en allemand, en polack, on chantonne en anglais, en norvégien, en italien, mais tout le monde se comprend, parle la même langue : se démerder est le seul verbe à l'ordre du jour pour tous les parias qui n'auraient jamais pensé se retrouver là.

L'écume de la guerre n'est pas faite seulement de cadavres et de ruines, de cris et de fureur, de sang et de larmes, de merde et de foutre, mais aussi d'hommes, de femmes, d'enfants qui, n'ayant plus qu'un vague passé, cherchent à survivre au présent sans s'occuper de demain. Et ils sont nombreux, à Cracovie, les candidats à la survie quotidienne.

A chaque instant, je découvre un patchwork d'humanité dont chaque élément peut raconter un *Guerre et Paix*, *Les Misérables* ou son voyage personnel au bout d'une nuit qui n'est pas terminée, voire parler en expert des neuf cercles de l'Enfer. Mais Dante, lui-même, ignorait que les vrais cercles de l'Enfer sont infinis, indéfinissables et interminables. C'est la seule chose dont je suis à peu près certain sur ce paquebot qui me balade en Méditerranée sur des flots que je découvre. La mer, je l'ai vue pour la première fois à Berck, dans le Pas-de-Calais, lorsque j'étais enfant, et j'en garde un de mes premiers éblouissements, mais une eau pareille, un ciel d'une telle lumière, un soleil aussi enivrant me paraissent inimaginables après la disparition des couleurs. Le Lager, monochrome, ne déclinait qu'un camaïeu de gris. Et là, c'est dans un arc-en-ciel que nous voguons.

Sur la droite du *Bergensfjord*, une ligne côtière se fait plus précise : une île grecque de la mer Égée. Me revient une image du soir de Noël, ma rencontre avec un Juif de Salonique. Entre le voyage incessant vers les chaudières, les SS et le climat polonais terrifiant pour un Méditerranéen, ils n'ont pas été nombreux à survivre, les Juifs de Grèce.

Comme nombre d'entre eux, il maîtrisait parfaitement le français. Nous avons sympathisé, parlé de nos pays respectifs. C'était Noël, n'est-ce pas… Il m'a regardé, s'est emparé de ma main, a remonté la manche de ma veste, dénudant mon poignet qui commençait visiblement à manquer de chair, et m'a dit en riant :

« Toi, tu brûleras sans problème, tu es bien sec ! »

Lui aussi a disparu dans le chaos. Quant à moi, je ne quitte pas du regard les îles de cette mer de rêve lorsqu'elles sortent de l'horizon.

*

Cracovie.

Au bout de la Grand-Place, près des demeures aristocratiques, autrefois habitées par les Autrichiens (Cracovie fut longtemps le fleuron de la Galicie autrichienne), une colonne de prisonniers allemands, en marche vers l'arrière, des gus de la Wehrmacht, qui ont fini la guerre avant les autres, des valides, des éclopés, des porteurs de pansements, la décoration universelle, marque une pause. Des Polonais passent, s'arrêtent, lancent des injures, crachent au visage des vaincus. Je hais les Allemands mais j'éprouve, malgré tout, une certaine gêne. Pas de la pitié, non, c'est un mot qui, à cette époque, n'a plus de sens pour moi, de la gêne simplement. Tous les vainqueurs de la treizième heure, celle qui suit l'arrêt des combats, l'instant où même les planqués deviennent des héros, sont identiques dans tous les pays du monde. Les sentinelles de l'escorte laissent faire.

La cité est intacte. A cette époque, en Pologne, une ville restée debout tient de la légende. Entre les bombes, les va-et-vient des armées de tout poil, les offensives et leurs antidotes, les contre-offensives resuivies d'offensives, etc., les combattants des maquis divers, les incendies de villages, les ruines du ghetto de Varsovie suivies plus tard des décombres laissés par l'explosion de toute la cité en août 44, que Cracovie existe toujours fait figure de miracle.

Une ville encore embellie par ses monuments, le Wawel, résidence des rois de Pologne, et ses deux places, le Glowny et le Maly Rynek, séparées par une halle gothique de grande allure.

Alignés au cordeau, les camions russes attendent sur le Glowny Rynek, la Grand-Place, leurs divers ordres de mission. Il est là notre *Orient-Express*, notre navire pour le futur, caché parmi ses frères, ces dizaines de véhicules au museau lourd, des GMC américains. Il nous manque seulement le nerf de la guerre.

Les soldats russes, quant à eux, ressemblent à tous les hommes en uniforme lorsqu'ils ne se battent pas et ne cherchent qu'à lever les Polonaises qui arpentent le coin. La rumeur affirme qu'ils n'avaient pas de perme durant les hostilités et on imagine facilement le refoulement de ces gars solides.

L'un d'eux exhibe les bracelets-montres qui ornent ses deux poignets. C'est une véritable frénésie, une obsession, qui s'est emparée des combattants : avoir une montre. Et bon nombre ne pensent qu'à ça. Ce ne sont pas les galons, les décorations qui ont de l'importance, mais les tocantes. Les militaires que je croise arborent souvent deux, voire trois bracelets à chaque avant-bras.

Sur la chaussée, un Rouski s'entraîne à monter sur un vélo sorti on ne sait d'où. Au début, le spectacle amusait tout le monde, aujourd'hui il est ordinaire de voir un Ivan essayer de faire rouler une bicyclette, tomber et jeter la machine en jurant que c'est du matériel dégueulasse, que « chez nous, les vélos marcheraient ». La rumeur dit que ce genre d'engin est presque inconnu en URSS et que les combattants de l'Armée rouge ne l'ont découvert qu'en entrant en Pologne. Ce qui entraîne un violent démenti des communistes rescapés pour qui pareille affirmation tient du blasphème ou de l'anticommunisme primaire : « Comment ? Pas de vélos en URSS, pas de bracelets-montres ? Mais tu déconnes, espèce de suppôt pourri du capitalisme ! »

Et moi, bonne pomme (mon militantisme passé a laissé des traces), je pense comme eux. Comment imaginer un instant que le pays qui vient de casser les reins de la Wehrmacht à coups de T-34 et de Katioucha, de Yak et de Stormovik, pour ne pas parler de ses millions de tués sur les fronts, n'a pas investi dans l'industrie du cycle ou fait concurrence à la Suisse en matière de bracelets-montres ?

Jamais je n'ai vu tant d'hommes essayer d'enfourcher une bicyclette « qui ne marchait pas », jamais je n'ai vu autant de jeunes gars s'étaler sur le sol et se relever furieux.

Partout, dans les rues du centre-ville comme sur les marchés, ce n'est qu'un croisement de foules. Foules au pluriel en effet, les Français se tiennent entre eux et tous les nationaux de l'Europe envahie et vaincue font de même. On se croise, on s'interpelle parfois, mais chacun reste sur son quant-à-soi, sauf lorsqu'il s'agit d'acheter un aliment ou un quelconque produit.

Les courants d'hommes en marche sur la place forment un torrent humain coulant au ralenti.

Le reflux allemand a laissé sur le sable les épaves humaines de la guerre, les rescapés des terribles jets brûlants issus des éruptions nazies. Cracovie n'est plus que le cône de déjection d'un volcan et reçoit la lave de toutes les villes carbonisées sans distinction de nationalité. Les déportés de certaines mines de Silésie, aux regards encore incrédules, les raflés de tous pays venus des usines-bagnes, les vaincus des diverses batailles européennes des premières années de la guerre sortis de leurs stalags, les rares négatifs d'eux-mêmes issus des ghettos, les combattants de la Résistance polonaise anticommuniste qui craignent leurs « libérateurs », les femmes qui finissent très mal des histoires de sexe et d'amour commencées dans des pays « d'ailleurs », les familles déplacées, les réfugiés survivants des bombardements, les rescapés de villes détruites par les combats, les déserteurs de tout acabit se sont repliés sur Cracovie. La ville a vu sa population doubler, tripler peut-être, aucune statistique ne peut l'affirmer. De plus, l'Armée rouge, omniprésente, la multitude de convois qui montent vers le front ajoutent au maelström humain et forment une Société des Nations baroque où tous les cris, les injures, les insultes se côtoient et se mêlent.

Des civils, portant un brassard rouge et blanc (les couleurs nationales retrouvées) orné des lettres PPR[1], un fusil à l'épaule, font fonction de flics et assurent un semblant d'ordre.

Simon, en dehors du français, parle ou baragouine l'allemand, le russe et le polack. Il se renseigne, m'explique ce qu'est le PPR. En fait, ce sont les militants du Parti communiste polo-

1. *Polska Partia Robotnicza* : Parti des travailleurs polonais.

nais qui en forment l'armature. Dans ce pays à l'ultra-catholicisme exacerbé et qui n'a eu, des siècles durant, que la religion comme ciment, imprégné d'un nationalisme féroce dû à son passé prolongé de non-existence, de non-langue (l'usage du polonais était interdit sous le tsarisme) et de non-nation, le marxisme n'avait pourtant jamais été très prisé avant la guerre.

Les Français, ravis, découvrent les joies de la langue de Chopin et se repassent avec ravissement l'adresse d'une boulangerie où une blonde hôtesse les accueille d'un sourire en leur disant : « *Bez monki* », lorsqu'ils désignent une des pâtisseries offertes à la vente. L'expression fait le tour de toute la colonie française : *Bez monki*, qu'ils prononcent bien entendu « Baise mon cul ». Mais personne n'a la curiosité de se faire traduire ces deux mots qui signifient simplement : « Sans farine ».

Malgré la guerre, la nourriture est abondante sur les étals. On dirait que les paysans du coin ont su, eux aussi, comme chez nous, s'accommoder des restrictions. Ne manque que l'argent.

Le marché noir domine. Et c'est un Français, un STO échoué dans la région, qui est le souverain de cette cour des Miracles. Un Auvergnat maîtrisant le polonais, c'est rare. La possession de cette langue difficile en a fait un caïd. C'est un paysan de la région de Saint-Flour qui vit ici la réussite de sa vie : la guerre l'a transmuté en roi ! Il nous offre un gentil sourire et nous oriente vers un garçon à qui il fait signe.

L'autre nous emmène à l'écart, nous entraîne dans une cour et sort une bouteille d'une cache : la sacro-sainte vodka.

Avec un minuscule canif récupéré au camp, Simon fait une très petite ouverture dans le bouchon. Le vendeur comprend et laisse faire. Je regarde, intrigué. Simon réussit à extraire quelques gouttes d'alcool et les porte à la bouche. Satisfait, il hoche la tête. C'est bien de la vodka et pas du Château-la-Pompe prélevé à la première fontaine venue.

Transaction. Ma veste vaut une fortune puisque nous repartons avec la bouteille et quelques centaines de zlotys.

– Bon, on y va ?

– Où veux-tu aller ?

– Mais à Lublin, pardi.

Simon me dévisage comme si j'étais un débile profond.

– Tu veux partir maintenant, comme ça ?

– Ben oui ! On n'a pas de bagages et pas d'adieux à faire.

– Parfait. On va sur le Rynek, on négocie avec un Russe et on fait… On fait quoi ?

– Mais la route jusqu'à Lublin.

Hochement de tête apitoyé de sa part. Je sens

que je me fourvoie mais sans comprendre pourquoi.

– Réfléchis, *Dreckmann*[1]. On va sur la place, on propose la bouteille de schnaps, le Russe nous emmène. C'est bien ça ?

– C'est exactement ce que je pense.

– Il nous emmène, oui, pendant dix kilomètres et il nous débarque. Tu y as pensé ?

J'avoue que non.

– Qu'est-ce qu'on fait ?

– On retourne chez les *Frangines* et on met la vodka dans des petits flacons. Chaque récipient vaudra entre dix et vingt bornes. Pigé ? Tu nous emmènes, camarade ? Parfait, une vodka pour Ivan et un bon bout de route pour mon pote et moi. Ça marche ? *Spassiba, tovaritch*[2] *!*

Je pige. Et nous voilà de retour au n° 2, *ulica* – se prononce oulitza – Smolenska, rue de Smolensk, dans un couvent tenu par des religieuses polonaises que Simon appelle les *Frangines.*

Mais finalement nous ne quitterons pas Cracovie. Après avoir réussi à caser notre litron d'alcool dans une série de bouteilles de petit format logées dans une musette, nous revenons sur la place à la recherche d'un routier militaire. A vingt kilo-

1. Littéralement : « Homme-merde ». Une des insultes préférées des SS.

2. En russe : « Merci, camarade ! »

mètres la dose de vodka, ça devrait nous mener à Lublin ou tout près.

Et c'est en déambulant sur le pavé qu'une femme nous aborde.

– Français ?

– Oui, et vous ?

– Non, je suis polonaise, réfugiée de Varsovie. J'enseignais le français dans un des lycées de la ville.

– Pourquoi êtes-vous ici ?

– Vous ne savez pas que notre capitale n'existe plus ?

Ignorance totale.

– Après la révolte du ghetto, en avril 43, et sa totale destruction, Varsovie a continué sa vie à liberté limitée. Puis, en juillet 44, les Rouges sont arrivés à Praga, sur la rive opposée de la Vistule, avec la ville à portée de main. La Résistance a donné l'ordre de l'insurrection contre l'occupant, pensant que les Russes interviendraient immédiatement.

– Et ?

– Et ? Les Rouges n'ont pas levé le petit doigt.

– Mais pourquoi ?

– Ils ont fait faire par les Allemands ce qu'ils auraient été obligés de faire eux-mêmes, liquider la Résistance nationaliste de l'AK. Résultat… Varsovie, dynamitée par les nazis, rue par rue, maison par maison, n'existe plus. Voilà pourquoi je suis à Cracovie. D'où venez-vous ?

– D’Auschwitz. Oswiecim, comme vous dites.

– Je vois. Vous attendez la fin de la guerre pour rentrer chez vous ? C’est ça ?

– On ne peut rien vous cacher.

– Où êtes-vous logés ?

– Chez les religieuses de la rue Smolenska.

– Que diriez-vous d’habiter un appartement, un vrai ?

– Mais… Ils sont introuvables et, de plus, nous ne possédons rien. Pas un grosz, rien ! Impossible de payer un loyer.

– Ça peut s’arranger. J’ai un appartement qui m’a été attribué en tant que réfugiée mais que, pour des raisons familiales, je ne peux occuper actuellement. Je crains que les Rouges ne me le réquisitionnent car il est vide. Ils le font systématiquement pour loger la…

Du doigt, elle montre l’immense foule qui déambule sans cesse sur la place.

– Il y a trop de réfugiés à Cracovie. Si vous dites oui, je vous prête ce logement que je reprendrai lors de votre départ. La fin de la guerre ne saurait tarder, les Rouges approchent de Berlin et les Américains foncent à l’Ouest. D’accord ?

Simon intervient.

– Encore faudrait-il le voir, ce logis…

– Venez avec moi.

Nous échouons, en plein centre-ville, dans un ancien immeuble de la police allemande. La bâtisse est inhabitée mais escaliers et couloirs sont jonchés de déchets, munitions, paperasses, saletés diverses.

Emménagement immédiat. Et nous voilà désormais installés dans un appartement moderne après avoir connu les blocks du Lager.

Notre logis n'a pas d'électricité. Elle est coupée pour des raisons que j'ignore. Le mobilier se compose de lits de camp, d'une table dans la cuisine, et de trois sièges. Un palace, un vrai ! Chez les *Frangines*, qui nous hébergeaient jusque-là, nous dormions sur des bancs.

Nourris par les religieuses, logés, les choses prennent une tournure bizarre pour Simon et pour moi. Nous redevenons lentement des gens « normaux ». Là-dessus, sur le Rynek, « le dernier salon où l'on cause », je retrouve Armand et Henri qui ont joué un rôle si important pour moi.

Simon leur propose de partager notre logis. Ils acceptent avec joie et nous sommes maintenant quatre locataires gratuits dans l'appartement de la prof de français.

La vodka, nous l'avons bue, avec les copains. A petites doses, les soirs de cafard. Mais, à vrai dire, tous les crépuscules étaient gris. La guerre n'était pas finie et chacun d'entre nous replongeait dans sa nuit avec ses spectres, dans son passé familial et son avenir sans lumière.

Comme nous n'avions pas d'éclairage, Simon avait déniché un tuyau de plomb qu'il avait courbé puis raccordé à l'arrivée de la conduite de gaz et c'était une torchère qui nous illuminait juste avant de dormir. Nous avons failli y laisser notre peau. Une nuit, la flamme qui nous éclairait s'est éteinte et le gaz a continué à gicler. Sans Simon, qui s'était levé pour aller pisser, nous mourions tous les quatre asphyxiés. Mourir du gaz après être sorti d'Auschwitz ! Destin !

Dans ce clair-obscur, nous replongions dans l'angoisse et la mélancolie qui nous enveloppaient tous.

Lorsque nous avions l'estomac plein, la famille de chacun revenait, obsessionnelle, lancinante comme une plaie à vif. Armand espérait revoir les siens, Henri ne savait rien de ses parents. J'avais, pour ma part, laissé mon noyau familial à Grenoble et j'ignorais tout de lui. Nous n'avions que la sensation de marcher dans une ville où chaque rue se terminait par un gouffre. Seul Simon savait qu'il était désormais orphelin total et que rien ne l'attendait à Paris en dehors de ce désespoir qu'il noyait de larmes mêlées à la vodka.

Nous vivions entre deux eaux. Le camp était là, à portée de main, avec en nous sa marque indélébile. Nous n'étions plus des garçons jeunes mais des fauves aux aguets du moindre mouvement suspect, l'œil en éveil permanent, capables de capter l'angoisse avant même qu'elle ne devienne quelque chose de ressenti. Comme ce bruit d'abeilles qu'entendent les montagnards avant que la foudre ne tombe. Nous ne sortions pas de prison mais nous émergions d'un univers jamais vu et plongions dans la vie « normale » d'une grande ville. Alice au pays de l'invraisemblable, Alice passant le miroir à l'envers pour se retrouver dans un monde dont personne d'entre nous ne connaissait plus les repères. Avec, en contrepoint, un désir délirant de chaleur, de nourriture, de vie. Quant à la tendresse, personne ne savait plus ce que ça voulait dire. Existait, de fait, une solidarité de survivants, seul amer terrestre dans notre grisaille de marins perdus.

*

Comment une mer peut-elle posséder une pareille gamme de bleus ? Lorsque je ne suis pas de corvée, je passe mon temps sur le pont du navire et ne me lasse pas de ce sillage que le *Bergensfjord* tire derrière lui comme un voile de mariée.

Simon a sympathisé avec un jeune marin

anglais qui fête son anniversaire et aimerait bien l'arroser. Mais l'alcool est prohibé à bord.

Surprise ! Mon équipier arrive hilare, ouvre un paquet de Woodbine, allume une cigarette et me la tend. Je le regarde, éberlué.

Simon met la main à la poche et en sort quelques billets et pièces de monnaie.

– On va pouvoir fumer jusqu'à Marseille.

Il explique, mais j'avais déjà compris. Il a vendu l'alcool ukrainien. Le bon schnaps maison distillé clandestinement par les paysans du secteur de Jmerinka. Rien à voir avec la vodka que nous avions bue à Cracovie.

Tout le monde est heureux. L'Anglais va pouvoir se cuiter parce qu'il a un an de plus et nous, nous allons pouvoir déguster le tabac de Sa Gracieuse Majesté.

Le lendemain, catastrophe ! J'ignore de quoi était faite la gnôle que Simon a repassée au marin. Quoi qu'il en soit, le malheureux a été pris de malaise et transporté à l'infirmerie du navire. J'espère que ce n'est pas de l'alcool de bois car alors, au mieux, il s'en sortira, mais aveugle. Un truc banal dans l'est de l'Europe, mais nous ne pouvions pas le prévoir.

De nouveau, la peur réapparaît : je nous vois déjà, Simon et moi, devant le conseil de guerre. Mais anglais, cette fois… Échapper aux SS, avoir évité la Sibérie et se faire fusiller par les Angliches, le rêve…

Une sale journée, mais les choses s'arrangent. Le mataf british s'en est sorti avec une monumentale gueule de bois et n'a pas révélé la cause de son malaise. Ouf.

J'arpente le pont, les pieds à l'aise dans mes Clark's que beaucoup m'envient.

Ça n'a pas toujours été le cas… Depuis ma sortie du camp, mes pieds moulés dans du cuir souple ont repris forme. Un vrai poème après les mois de grolles en toile montées sur des semelles de bois. Et encore… Lorsque je repense à mon arrivée en août, chaussé de spartiates faites de vieux pneus, je retrouve le frisson de la peur.

En 1944, avant mon arrestation, avoir des chaussures correctes dans France-la-Douce relevait de l'utopie. Le cuir était réservé à la Wehrmacht, à ses supplétifs comme les miliciens et autres GMR (Groupes mobiles de réserve), ainsi qu'à ses stipendiés, les rois du marché noir.

J'avais déniché, à Grenoble, un petit futé qui taillait des sandales dans des pneus morts récupérés je ne sais où. Et c'est ainsi chaussé que j'ai été arrêté.

Gestapo. Dérouillée. Baignoire. Séjour à la caserne de Bonne transformée en prison, transfert à Lyon escorté par la Milice, début du grand voyage. Et, à Saint-Paul, la Croix-Rouge m'a passé une veste. Godasses ? Nenni !

Et le jour miraculeux de l'immatriculation à Birkenau, juste après l'obtention du sursis que représente le tatouage sur l'avant-bras gauche, une de mes sandalettes lâche.

Équation simple : si vous n'êtes pas tatoué, vous n'entrez pas au camp, et si vous n'entrez pas au camp, c'est que vous en êtes déjà sorti, par la cheminée.

Devinette : quel écrivain français, avant la guerre, a préconisé, pour les Juifs, l'attribution d'un numéro matricule au lieu d'un nom [1] ?

Chaque nouveau *Häftling* [2] entre nu au Lager, ne conservant pour lui que la ceinture du pantalon civil et les chaussures. Aucun autre objet n'est toléré. Enfreindre ce règlement simple équivaut à une seule sanction : la mort. Mais moi, toujours à l'avant-garde, je suis plus nu que les autres puisque je n'ai plus rien aux pieds.

Tonte. Pas un poil de trop ne doit troubler l'ordre allemand. Crâne, aisselles, triangle pubien, tout y passe.

Douche. Passage d'un désinfectant sur les zones rasées. Ça brûle lorsque ça glisse sur les testicules.

1. Louis-Ferdinand Céline, dans *Bagatelles*...
2. Détenu.

Remise du vestiaire : le célèbre droguet des prisons allemandes que le monde entier va découvrir, le « pyjama » rayé bleu et blanc, ou sa variante, gris et blanc, plus la *Mütze* pour le crâne. J'obtiens, en prime, une superbe paire de chaussures en toile avec semelles en bois. Mais le sympathique Polack, taulard lui aussi, qui me balance mes godasses à la gueule, est de mauvais poil et « *Schnell ! Schnell*[1] *!* » ne me donne pas de lacets.

De Birkenau à Auschwitz, il y a environ trois kilomètres. Je me tords les chevilles à chaque pas.

En colonne par cinq, les copains du convoi avancent en direction d'un camp de briques rouges, ceinturé d'un mur de béton et d'une enceinte de barbelés électrifiés. Les miradors nous toisent de toutes leurs mitrailleuses, les sentinelles sont à leur poste. Le Grand Reich peut dormir tranquille, le petit groupe de Français qui arrive devant la porte marquée d'une inscription que peu comprennent, « *Arbeit macht frei* », « Le travail rend libre », ne vaincra pas le grand peuple aryen.

Près de moi, dans la colonne immobile devant le portail, Robert S. murmure : « Vous qui entrez ici, laissez toute espérance. » Il a réellement dit ça, mon compagnon de bagne. Pour ma part, en

1. « Vite ! Vite ! »

bon autodidacte, j'ignorais, à cette époque, qui était Dante.

Robert, ce jour-là, a perdu l'espérance. Il a disparu lors de la sélection d'octobre.

Quant à moi, j'ai un pied en sang.

Une paire de lacets, ce n'est pas grand-chose et il n'y a pas de quoi en faire un drame…

… Les matricules sont cousus sur la veste à hauteur du cœur et au niveau de la poche du pantalon sur le côté droit. Désormais, nous pouvons sortir en kommando.

Premier boulot sérieux, après ma corvée de pluches à la cuisine du camp. Kommando d'appoint uniquement composé de gens encore en quarantaine. Évidemment, j'en suis.

Chantier. Entre l'atelier des tailleurs et la clôture électrifiée, à l'extérieur du camp proprement dit.

La sentinelle se balade en rêvant et arpente la chaussée, faussement débonnaire. Visiblement, le *Posten* s'emmerde. Il est là, à vingt ans, à faire les cent pas en surveillant un dangereux paquet de sous-hommes qui, bien entendu, n'aiment pas travailler alors qu'il aimerait tant, lui, le surhomme, se battre pour son Führer et ramener une croix de fer, ou de bois, à sa tendre mère.

Première activité de bagnard. Un camion décharge, de sa benne renversée, des tonnes de pavés. Travail intellectuel. Chaque taulard doit prendre un pavé sur l'épaule et le porter à la route, deux cents mètres plus loin. Travail facile, à la condition que le chien de garde n'ait pas l'idée saugrenue de le faire exécuter au pas de gymnastique.

Le kapo[1] ferme la marche, accompagné par le SS qui prend son temps et se laisse distancer. Il attend le retour du groupe.

A l'arrière-garde, le kapo active le mouvement de sa matraque. Un vrai chef d'orchestre. Un, deux, trois, quatre... Il bat la mesure et le *gummi* retombe sur les derniers, heurte une épaule en *la* mineur, rebondit sur un crâne en laminoir, casse un bras, symphonie matinale pour os brisés.

Parfois, un pavé tombe. Le porteur s'arrête pour le récupérer. Et la matraque dégringole aussi. Cantate en lamentos refoulés. Pas un cri, pas un geste superflu. Le chef d'orchestre s'amuse, crescendo, concerto pour taulards et orchestre, ça roule, ça cogne, ça fait un bruit mat le caoutchouc qui frappe. Clé de *sol*, dièse ? Jazz ou classique ? Quintette ou grand orchestre ? C'est un dialogue, un duo entre le bâton noir et

1. Kapo : l'origine du terme n'est pas très claire. Certains affirment que c'est une déformation du « *capo* » italien, le chef. D'autres prétendent qu'il s'agit des initiales de *Kommando Arbeit Polizei* ou police d'un commando de travail. Chaque kapo, qui est un interné, est toujours coiffé par un *Kommandoführer* (SS).

le corps de l'autre. Flap !... Les derniers seront les derniers, flap ! Et, ce jour-là, je porte des chaussures sans lacets et je suis le dernier plus souvent qu'à mon tour. Rhapsodie en bleu. Je cours, ma cheville émerge de son sous-marin, ma chaussure s'ouvre, le pied, entouré de loques (les célèbres chaussettes russes) payées en pain à un gars de mon convoi, surgit à l'air libre. Je perds le chiffon, je lâche ma charge, le kapo court, je récupère l'étoffe que je fourre dans ma poche, vite, le pavé à l'épaule, je bats le kapo au sprint ; pose de la pierre, pause d'une seconde, ça repart, *Schnell*, sprint, je suis au milieu du groupe.

Après un quart d'heure de ce jeu, les poumons éclatent, les bronches sifflent, les yeux brillent, la sueur coule, je tiens, j'ai vingt ans, c'est chouette parfois d'avoir vingt ans, et le ballet continue, les chœurs noirs[1] attaquent leur grand air, la sentinelle, à la porte, se joint à nous et gueule sa partition, *Los, los*, le *Kommandoführer* hurle, *Schnell, schnell*, ça devient répétitif, ça se récite, se chante, se lamente, *Los, los, Schnell, schnell*, obsessionnel, vite, ne pas lâcher le pavé, vite, ne pas être le dernier, vite, ramasser le godillot, vite, foncer en avant, le cœur à 140, les pieds s'agitent, le kapo cogne, la matraque danse, oratorio pour crevards, un homme tombe, son cœur a soixante ans, vite,

1. Les SS formaient l'Ordre noir.

ça repart… et je perds ma chaussure, elle reste là, plantée dans une butte herbeuse, grise dans les touffes de graminées vertes, elle me sourit, me nargue, me snobe, ma godasse sans lacet, mon faire-part de deuil, elle chante comme à l'école sur l'air de « Ahou, les quilles, bisque bisque rage…, tu vas crever, tu vas crever »… Rage, rancœur, réagir, désespoir, réagir vite, si je m'arrête le kapo m'achèvera, une voix au fond de la tête hurle : si tu baisses les bras, tu es mort, et si tu continues, dans cinq minutes tu auras le pied en sang. Un pied infecté c'est l'hosto, le KB c'est le four, rage, folie qui germe, réagir vite, serrer les dents, je fonce, je boite, je sautille, le pied s'écorche. Premier ! J'ai gagné ! Je pose le pavé, médaille d'or, hymne national, Joseph a gagné ! Je me sors les tripes et je rejoins la chaussure idiote dressée sur mon Golgotha, prête au supplice. Comme on dit ici : « *Arbeit macht frei… vom Leben !* » Le travail rend libre… de la vie.

Et la chance a continué, j'ai maintenant les deux pieds abîmés. Mais on ne peut pas être tout le temps champion aux Olympiades d'Auschwitz, parfois le vent tourne et un copain infirmier, Marc, un scout strasbourgeois, m'a soigné le soir même. Re-médaille, pas d'infection ! Comme dit la chanson, l'essentiel, c'est d'avoir vingt ans.

Pour en finir avec mes souvenirs de cordonnier, c'est encore une histoire de godasses qui m'a fait découvrir les déportés russes du Lager. Ils arborent tous le triangle noir, celui des « fainéants », l'écusson de ceux qui « sabotent » le travail. Donc, plus d'usine pour eux mais Auschwitz à la place !

Camp central. Je porte enfin des godillots à lacets. Mais je supporte très mal les semelles de bois.

Nous sommes en septembre. Je vois passer, au pas, dans la rue principale du Lager, un camion bourré jusqu'à la gueule de chaussures provenant d'un des magasins de stockage. Les chaussures des morts.

Je suis à Auschwitz. Je n'ignore rien de ce qui se passe là. Je le sais. Oui, mais je ne l'ai pas compris jusqu'au bout. On ne sort pas d'une vie d'homme lambda pour plonger, vivant et réveillé, dans un cauchemar sans une période d'adaptation. Et l'équation est simple : s'adapter ou mourir. Pas d'autre issue.

C'est peut-être dû à mon âge, à mon manque de maturité. Je sais et je ne l'accepte pas, sinon je n'aurais jamais réalisé un de ces exploits qui vous valent une mort atroce si vous échouez.

Le camion roule au pas. Je bondis, m'agrippe à la ridelle, empoigne la première paire de chaussures à ma portée, la jette sur le sol, saute, ramasse les deux godasses attachées ensemble et sprinte. Pas une sentinelle n'a moufté dans les miradors, le chauffeur ne s'est pas manifesté.

Miracle ! Des pompes en cuir ! Deux pures merveilles d'un brun lumineux. Leur propriétaire est mort puisque ses grolles sont ici. Saloperie ! Elles font du 42 et je chausse du 39 ! Garder les chaussures ? Impossible. Au camp, puisque personne ne possède quoi que ce soit, il n'y a pas le moindre placard, la plus petite armoire où ranger un objet. Les planquer ? Mais où ? Les kapos et toute la hiérarchie complice du système SS possèdent leurs planques à eux. Par exemple, l'*Unterkapo* de la carrière de sable, le kommando *Sandgrube Haus Palitch*, cache, dans les chiottes du chantier, quelques milliers de cigarettes, dit-on. Je ne suis pas kapo, je n'ai pas de cabinets transformés en coffre-fort, je n'ai rien. Je n'ai pas, non plus, accès aux caches situées sous les plaques d'isolation des plafonds. Je me vois très bien fouillant dans une des grottes à trésor des auxiliaires des SS, pour me faire ensuite tuer sur place, à coups de poing, de pied ou de manche de pelle.

Un ancien me passe le tuyau : après l'appel, va au « marché », il se tient derrière tel block. Tu pourras échanger tes godasses contre des cigarettes.

Un des lieux gérés par les ex-prisonniers de guerre soviétiques devenus des cadavres en sursis. Une des caractéristiques d'Auschwitz : les clans.

Les politiques polonais, antisémites, pogromistes et anticommunistes, ne fraient pas avec les autres. De plus, ils sont chez eux dans un camp à dominante nationale, comme Mauthausen est un camp à forte densité espagnole et Buchenwald un lieu où les Français sont très nombreux.

C'est en déportation que j'ai découvert que, si « nationalisme » signifie exclusion, le mot « nationalité » possède, lui, un sens communautaire encore renforcé par la langue. Avec des nuances, bien sûr. A cette époque, le sommet du judaïsme européen, sur le plan de la dignité, de la solidarité, reste, dans ma vision, le groupe des Hollandais encore survivants. La lie de la terre, ce sont alors, pour moi, les Hongrois, surtout les paysans originaires du fond des Carpates, alors que ceux de Budapest, très cultivés, relèvent du raffinement de la société austro-hongroise.

De fait, selon la culture « nationale » due au pays dans lequel ils ont vécu, les réactions des Juifs déportés sont différentes devant l'adversité. L'origine sociale joue évidemment un rôle de la même importance. Les « petites gens », parce qu'ils ont souvent dû faire face à la misère, se débrouillent mieux que les bourgeois. Là aussi, constat objectif sans jugement de valeur.

Quant à la formation politique, elle reste déterminante. Un communiste va se battre, se battre pour lui et pour ses camarades. Sans hésiter, tous ceux que j'ai connus ont fait abstraction d'eux-mêmes face au chaos. Par leur formation idéologique, leur discipline, leur « culte » des masses, ils étaient, à mon avis, les seuls à pouvoir le faire. Ne comptaient que le groupe et sa solidarité au royaume du chacun pour soi.

D'ailleurs, sans retirer quoi que ce soit aux autres « politiques », il faut reconnaître que les militants communistes des différents pays ont réussi à être dans les camps, à des échelles différentes, les créateurs et les animateurs des organisations clandestines qui, malgré leur fragilité, ont tenu tête à l'Ordre noir, tant que faire se pouvait. Les longues et dures batailles pour la prise du pouvoir en Russie et ailleurs ont laissé des traces indélébiles. Ne jamais oublier qu'il ne s'était écoulé qu'une vingtaine d'années depuis que le mouvement ouvrier avait triomphé en Russie. Les souvenirs des luttes des guerres civiles (russe, hongroise, spartakiste, espagnole...) restaient vivaces et servaient de références.

Pour avoir vu ce qu'aucun humain ne devrait jamais voir, à l'âge où le rêve devrait dominer, étant mentalement en miettes, affectivement détruit, ne retrouvant plus les marques de mon éducation familiale, je me suis juré en quittant le camp de ne plus militer et de laisser aux idéalistes le soin de sauver le monde, mais jamais je n'oublierai que les seuls hommes qui soient restés pleinement des hommes au Lager étaient les communistes.

Et les religieux ? Eux aussi ont tenu tête mais on ne peut, à mon sens, mettre sur le même plan un croyant « résigné » et un combattant politiquement averti.

Les Français forment des sous-groupes. Ainsi, les Juifs de vieille souche française ne comprennent rien à ce qui leur arrive. Désarmés par leur totale soumission à la France, ils se retrouvent nus face au désastre. « Ça » ne pouvait pas leur arriver, « pas à eux », citoyens loyaux, fidèles à la devise de la République, souvent anciens combattants ou fils des survivants de la guerre de 14.

Nombre d'entre eux vénèrent Pétain et se servent de Laval comme repoussoir.

C'est tout juste s'ils n'accusent pas les « Polonais », dont je suis, d'être responsables de leur malheur.

Idem pour les originaires d'Algérie, puisque l'Algérie, c'est la France. Leurs parents se sont tous battus durant la première boucherie mondiale et, bien sûr, ils ne connaissent rien des Allemands au quotidien. La langue va être pour eux un handicap terrible, alors que, pour les autres déportés juifs de France – les « métèques » si chers à Maurras –, la connaissance du yiddish si proche de l'allemand permet de mieux se défendre. Comprendre un ordre donné par un SS peut vous éviter de rester sur le carreau, l'incompréhension tenant lieu de rébellion pour les nouveaux Dieux noirs, avec une seule conséquence : une balle.

Et c'est parce qu'il ne parlait que le français, alors qu'il fallait absolument connaître le latin d'outre-Rhin, que Samy est mort…

… Je l'ai connu dans la cellule 34, dont j'ai été un pensionnaire, à la caserne de Bonne, à Grenoble. Ce bâtiment militaire, à demi détruit en décembre 43 par une énorme explosion, en représailles à la Saint-Barthélemy grenobloise[1], faisait office de prison et se trouvait, boulevard Gambetta, face à l'hôtel qui servait de QG à la Gestapo locale et à ses séides.

Samy était un grand gars, solide, aussi détaché du judaïsme que je le suis du sanscrit et qui exerçait son métier de garçon de café. Arrestation. Cursus habituel.

1. En novembre-décembre 1943, la répression dans les rangs de la Résistance était telle que l'on a pu parler, très justement, d'une Saint-Barthélemy grenobloise.

Ce jour-là… En septembre. Sur des centaines de mètres, étiré jusqu'à la ligne des miradors, le chantier se vautre dans la poussière. Il fait chaud. Le soleil d'été cogne dur sur la Pologne. Travelling à la Cecil B. De Mille sur les pyramides du XXᵉ siècle, la production du néant à l'échelle industrielle, la fabrication du vide. Un chantier du *Strassenbau* ou la réfection d'une des routes de l'enceinte concentrationnaire.

Les hommes travaillent dans le murmure habituel qui bruisse dans tout le camp : « *Bewegung, Bewegung* [1] *!* » Les piocheurs frappent la terre brune de leurs pics, les pelleteurs dégagent les éboulis, les kapos traînent, matraque à la main. Les gardes rêvassent à leurs anciennes permes à Paris ou Amsterdam quand la vie était douce et se consolent en pensant qu'ils sont des surhommes. Et c'est vrai, puisque le Führer l'a dit.

Soudain, sans motif apparent, la sentinelle gueule. Rush du kapo vers le mirador de chantier. Le chacal à brassard fonce vers le fauve. Le poisson pilote se met au garde-à-vous. L'autre, toujours gueulant, désigne Samy. Course folle du kapo et Samy matraqué, saisi par la nuque, traîné, tiré, poussé, arrive près du mirador.

Le tueur sort de sa guérite et commence un interrogatoire auquel Samy ne comprend rien. Il

1. « Mouvement, mouvement ! »

ne parle pas l'allemand. La langue de Goethe, il s'en fout. On ne lui a pas enseigné que c'est indispensable pour survivre dans les camps des années quarante.

Le SS parle. Samy reste muet. Et les mains, les poings, les pieds se déchaînent. Samy essaie de parer l'avalanche. Pas de chance, il n'y a pas, sur le chantier, de signal routier signalant : « Chute de pierres ! Danger ! » Le taulard se protège en couvrant son visage, sa tête, son ventre. Il ferme les poings. Et l'autre, pas plus âgé que sa victime, braille :

– *Lass deine Hände ruhig!*

Samy n'entend pas un mot, pas un. Autour de lui, les bagnards ont cessé de piocher. Les pelles, à leur tour, s'immobilisent.

– Laisse tes mains tranquilles, souffle le pelleteur le plus proche.

Un autre reprend, un deuxième puis un troisième enchaînent. C'est une prière d'église, un chant de psalmiste, c'est un vol d'insectes, un bruit d'élytres qui pleure en sourdine dans la lumière explosive : « *Lass deine Hände ruhig!* Laisse tes mains tranquilles ! » Le pyjama n'entend plus, ne comprend plus, même le français est éclipsé par la panique. Et le SS repart. Battling-soudard contre un sac de sable. Main gauche… main droite… les doigts se ferment, les poings arrivent sous la ceinture. L'affolement de Samy prend les dimensions de l'Océan. Il fait un geste offensif. Le soldat recule d'un pas. Le fusil braqué soudain ressemble à un poing géant, joue droite... joue gauche... Et ça claque.

L'uniforme sale se couvre d'une tache humide qui s'étale, une rigole rouge trace sa route sur le tissu râpé.

Oui, les notions d'allemand sont vitales.

Pour la plupart originaires de l'est de l'Europe, les métèques venus de France connaissent parfaitement la conduite à tenir devant un massacre. La mort, mode d'emploi, leurs parents l'ont connue durant des générations. Mais des tueries industrielles comme celles d'Auschwitz, ni eux ni leurs ancêtres n'en ont jamais imaginé. Un autre facteur important les a désarmés eux aussi : en 1915, lorsque les Austro-Allemands chassèrent les Russes de Pologne, ils furent accueillis avec soulagement, souvent en libérateurs, par les millions de Juifs polonais, enfin débarrassés des pogromistes russes.

La géopolitique n'était pas une préoccupation essentielle pour ces habitants des shtetels[1] traversés au début du XXe siècle par les courants explosifs de l'Est. Des changements de frontières,

1. Villages de Pologne ou de Russie peuplés exclusivement de Juifs. Ce n'étaient pas des ghettos.

ils en avaient connu d'autres. Ma mère est ainsi née russe, à Varsovie, en 1896, pour devenir polonaise après 1919, sans oublier un passage sous contrôle allemand, pour mourir française à Paris.

Les Juifs de Pologne sortaient d'un sommeil qui avait duré des siècles et se trouvaient, en dehors de la misère œcuménique propre à toute la région, confrontés à des courants qui mettaient à mal la pratique religieuse ancestrale : le sionisme, né à Paris, conséquence de l'affaire Dreyfus et des pogroms tsaristes, le bundisme, mouvement ouvrier social-démocrate, et le communisme pur et dur.

Le judaïsme polonais avait payé très cher en vies humaines, alors qu'il n'y était pas impliqué, le désastre extrême-oriental du régime tsariste à Port-Arthur et l'échec de l'insurrection marxiste de 1905, dans un pays qui était alors sous la domination intégrale de Moscou. Car, bien entendu, les défaites navales et terrestres subies par l'Empire ne pouvaient pas avoir d'autres causes que les Juifs.

Pogrom est un mot russe, ni polonais ni allemand. Pour le tsar, ce n'était rien d'autre qu'une façon de gouverner. Et ces Allemands de 1915, pas hostiles, jeunes sous-offs ou officiers subalternes à l'époque, revenaient vingt-cinq ans après, officiers de haut rang, métamorphosés en tueurs ? Inimaginable, en vérité. Et désarmant. Avec un « plus » accentuant la résignation : le côté apocalyptique des religieux. Pour eux, la pire horreur restait supportable dans la mesure où « Dieu le voulait ».

Les barbus ont fait preuve d'un courage phénoménal en ne se battant pas.

Ils mouraient au nom du Seigneur et ne doutaient pas un instant que les massacres cesseraient lorsqu'« IL » en déciderait ainsi.

Les rares rescapés du ghetto de Varsovie que j'ai connus au camp me l'ont tous confirmé : ce sont les jeunes, politiquement engagés dans une des trois tendances que j'ai évoquées, qui se sont battus pour mourir dignement. Mais les croyants, eux aussi, mouraient dignement... à leur façon. Évidemment, les SS préféraient la dignité des religieux à celle des militants en armes.

Au Lager, les Russes survivaient entre eux. Les Allemands demeuraient des Allemands, les Tchèques... des Tchèques, etc. Les échanges nécessaires se faisaient entre les groupes mais seuls les Juifs restaient seuls, n'échangeant entre eux qu'un désespoir infini, sauf les « 76000 ».

De même que les « 76000 », Juifs polonais, étaient les rois de l'« organisation[1] », les Russes

1. De l'allemand « *Organisieren* », argot de la Wehrmacht, équivalent du « système D » français.

contrôlaient les Puces qui se tenaient le soir. Tant que les SS, bien entendu au courant, le toléraient. Toujours le même principe : « privilégier » un groupe pour attiser la haine des autres. Et chacun finissait par oublier quel était le véritable adversaire.

A rapprocher de la méthode de la sélection à l'arrivée sur la Rampe où tout se passait en douceur, sans brutalités, avec des paroles lénifiantes, pour éviter toute révolte. Les Lager fonctionnaient avec un minimum de gardes. Et le résultat était le même chaque jour. Déportés morts : plusieurs milliers. SS tués : zéro !

Appel. Ration de pain. Les chaussures volées planquées sous ma veste, je file vers un troc inespéré. Elles valent combien de cigarettes, mes merveilles en vrai cuir ? Ce sont les triangles noirs, russes dans leur immense majorité, qui ont le monopole du trafic.

Je baragouine en allemand. Un Rouski s'approche. Discussion.

– *Davaï, davaï !* Donne, donne !

Ma marchandise change de mains. Une bourrade. Mon acheteur a disparu. Mes chaussures aussi.

Frustration. La haine au ventre, je retourne vers mon block lorsque je rencontre un garçon que je connais de Paris. Bref bavardage.

– Accompagne-moi, j'ignore pourquoi, on a

un rab de soupe dans notre block. Viens, ils n'y verront que du feu.

Je déguste le contenu d'une gamelle lorsque la foudre me tombe dessus.

Une voix annonce : « *Lagersperre !* » Camp fermé ! Couvre-feu !

Qu'est-ce que je fous là ? Je lâche la gamelle, fonce vers la sortie.

Cette fois, je n'y couperai pas. Je vais crever. Motif simple : je ne suis pas dans mon block à l'heure du couvre-feu. Si ce n'est pas une tentative d'évasion, c'est quoi, pour un SS ?

Auschwitz désert. Les projecteurs éclairent des rues vides, des alignements de bâtisses de briques sombres. Vides ? Mais qui est donc ce petit bonhomme qui sprinte comme un dératé dans la lueur de glace qui illumine le Lager comme pour une fête ? Ça va être la tienne de fête, crétin ! Je cours, je cours, je cours. J'attends la rafale qui va partir d'un des miradors. Personne ne peut y couper. Chaque poste de surveillance tient sous son feu un axe dont on ne peut pas sortir. Reste la solution de me balancer sur les barbelés électrifiés.

Je découvre réellement la peur. Pas une angoisse, pas l'imaginaire en mouvement. Le réel. Je suis le « 1000 » d'une cible pour tous les mitrailleurs SS. Seule question, quel mirador va tirer le premier ?

C'est à ce moment précis que j'ai cessé de faire partie du monde « normal » pour revêtir ma nouvelle peau : celle du déporté. Jusqu'à cet instant, ce qui se passait au Lager, je le savais intellectuellement. Ce soir-là, j'ai perdu le contact avec mes semblables en percevant les relations entre humains sous un angle que je ne soupçonnais pas, celui de l'absence de lois. En fait, je participe en solitaire à un jeu absurde dont personne ne possède les règles car chaque SS détient le droit d'improviser selon son humeur, et la sanction du jeu pour moi, gagnant ou perdant, c'est la mort.

Je suis désormais un *Häftling*, un bagnard à part entière, un objet à gueule humaine. Les SS désignent le déporté sous le terme de « *Stück* », pièce. Un morceau de bois, de métal possède une valeur, ne serait-ce que marchande. Le *Stück* que je suis devenu n'a, lui, aucune importance esthétique, morale ou commerciale. On le jette, on le brûle. Je fais désormais partie de ce monde de pièces de rechange. Je ne suis plus qu'un tout petit morceau d'un nouvel univers que je n'imaginais même pas alors que je suis imbriqué en lui.

Tout individu revêtu de la tenue vert-de-gris possède le droit de m'abattre sur-le-champ sans avoir d'explication à donner sur son geste. Et je cours, je cours, je cours dans cette nuit aux couleurs de métal incandescent diffusées par les lampes géantes qui balaient le camp.

Bien après, dans les années cinquante, j'ai habité Saint-Ouen. Les immeubles étaient en briques et, la nuit, les voies du chemin de fer proche s'éclairaient de la lumière glacée des lampes à arc, éclairage normal de toutes les gares de triage. Le hasard, bien sûr. La crise du logement, en 52, était telle qu'il n'était pas question de choisir une résidence, on prenait ce qu'on trouvait. Il n'empêche… et cela me vaut de superbes cauchemars où les blocks, les immeubles de Saint-Ouen, les projecteurs mêlés me réveillent en hurlant.

Retour à Auschwitz et à ma course dans la nuit. Block 8 ! Enfin !

Naturellement la porte est bouclée. Je cogne du poing sur le bois devenu un gong. Des pas. L'huis pivote. Et je fais face au chef de block.

Il me dévisage, ahuri.

– Mais qu'est-ce que tu fous dehors, *Arschloch* (trou du cul) !

Et sa main part. Décidément, je n'aime pas les gifles même quand c'est le moindre prix à payer.

Jacques, mon compagnon de plumard (c'était la période faste lorsque les couchettes à une place des châlits n'avaient que deux pensionnaires qui dormaient tête-bêche – il y a eu un temps où l'on « dormait » à quatre sur ces mêmes paillasses), me regarde, ahuri.

– D'où sors-tu ? Tu deviens *Pipel*, toi aussi ?

Je hausse les épaules. Le *Pipel*, dans l'argot local, c'est un garçon qui devient ce qu'on appelait un « giton » dans les bagnes « normaux » de Cayenne ou d'ailleurs, l'objet sexuel et domestique d'un caïd. Ici, ce sont les auxiliaires des SS qui bénéficient de cet « avantage ». Ce n'est rien d'autre que de la prostitution. Se faire enculer pour gagner une tranche de pain ou une brève échappatoire dans le boulot, c'est faire le tapin pour « durer ». Depuis cette époque je crois que se vendre volontairement, pour vivre, est un acte honorable pour celui qui se vend.

Rien à voir avec les hommes qui s'aiment, les « triangles roses » bouclés ici, les homosexuels, persécutés comme n'importe quels non-conformistes européens.

Être *Pipel* est moins traumatisant que la vie menée par les gamins de la *Mauerschule*, l'école des maçons.

Encore, sans doute, une idée géniale d'un SS rédempteur de Berlin. Il faut que les Juifs cessent d'être des intellos et deviennent des manuels, a décrété un pontife de l'Ordre noir. Donc, création de la *Mauerschule*.

Une bande d'adolescents, orphelins avant

l'heure, coupés un jour de leur famille qui depuis n'existe plus. Des enfants arrachés à la vie familiale chaleureuse du shtetel pour être jetés dans un chaudron bouillant. Coups, viols, absence de repères vont être les critères de leur formation. En fait d'apprentissage dans les métiers du bâtiment, ils ne servent qu'à la satisfaction des fantasmes de certains kapos.

Je les ai croisés et n'ai jamais oublié leurs regards de fauves. Non, pas même de fauves. Ces garçons n'étaient plus que des paquets de réflexes, des êtres totalement détruits par ce qu'ils avaient vu et vécu durant trois ans de camp.

Jacques, je l'ai connu à Grenoble, le soir de mon arrestation. Il occupait la même cellule à la Gestapo que moi et revenait de la « question », bleu de coups, gamin terrorisé comme je l'ai sans doute été plus tard, lorsque mon tour est arrivé de répondre aux interrogatoires.

Mais ce soir-là, malgré la baignoire, je n'ai pas parlé. J'y repense parfois avec un petit sentiment parfaitement imbécile de fierté. Celui qui « parle » n'est pas inférieur à celui qui « tient » le choc. J'ai discuté du problème avec nombre de copains torturés. Personne n'a pu expliquer pourquoi certains parlaient et d'autres pas. Force physique ? Énergie morale ? Éducation ? Masochisme ? Foi ? Tout est possible et tout est faux. Pour moi,

« fermer » sa gueule, lorsque tout votre corps hurle de douleur, reste aussi mystérieux que le talent ou la grâce.

A la Gestapo de Grenoble, face aux hommes de Barbier, ce suppôt de Doriot, j'ai réussi à la boucler. Je savais que les carottes étaient cuites et que je ne sortirais pas des pattes de mes tortionnaires. Il fallait simplement que je tienne ce soir-là, et uniquement ce soir, pour que ma sœur qui habitait avec moi, ne me voyant pas rentrer, puisse filer. Car je n'avais pas effectué de changement de domicile et l'adresse de ma carte d'identité n'avait aucun rapport avec mon habitat réel.

*

Le bateau roule, la Méditerranée devient un peu rude au large du cap Matapan. Les reflets céruléens du ciel font écho à cet azur incroyable de la mer et la côte grecque émerge d'une légère brume.

Torse nu, allongé sur le pont, près de ce canon pour qui j'éprouve une affection bizarre, je prends un bain de soleil. Très lentement, depuis le retour du printemps, ma carcasse se réhabitue à la douceur de l'air et sur ce navire, entre la brise de mer et la chaleur émolliente, je me sens revivre.

Le soleil… Des lumières extraordinaires, j'en ai connu trois : le ciel éblouissant de 1940, en contrepoint du désastre qui ravageait la France, le temps radieux de juillet 44, soulignant la Libération de son éclat, et ce jour de glace et de soleil lorsqu'une patrouille de l'Armée rouge, avant-garde d'une formidable troupe de soldats, est passée sous l'inénarrable « *Arbeit macht frei* » de la porte du camp.

La libération d'Auschwitz s'est produite le samedi 27 janvier 1945, sous un soleil de feu d'artifice.

Mais les événements qui y sont liés ont commencé à la fin de l'année 1944, après la révolte du *Sonderkommando* [1]. Suite au massacre du 3 octobre, peut-être la plus affreuse sélection de l'histoire du camp hormis l'anéantissement du camp tsigane, les esclaves du *Sonder* se sont insurgés, et leur rébellion entraîna un changement d'atmosphère radical.

Je n'ai jamais oublié ce jour d'automne pluvieux. Le kommando de crevards dont j'étais membre à part entière s'appelait le *Strassenbau.* Il avait pour kapo une des plus franches crapules

1. Le *Sonderkommando* ou le *Sonder* était l'équipe de déportés chargée de vider les chambres à gaz et de brûler les corps. Ils étaient exterminés régulièrement pour éliminer les témoins. Aucun film d'horreur ne rendra jamais compte de ce que ces hommes ont vécu.

que la pègre allemande ait sécrétées. De taille moyenne, un torse comme un bahut, la puissance d'un bœuf, il portait des culottes de cheval et on l'appelait « le Dompteur ». Avec, pour assistant, un nabot chaussé de bottes courtes qui lui valaient le surnom de « Chat botté », tout au moins pour les Français. Deux authentiques triangles verts, des tueurs, mais c'étaient aussi des meurtriers sadiques qui savaient faire durer le supplice de leurs victimes.

Nous avancions sur un chemin boueux parsemé de flaques d'eau. Et le hurlement de la sirène d'évasion s'est fait entendre. Un *Läufer*, un coursier, est arrivé, a interpellé le Dompteur. Le kommando a fait demi-tour en direction du camp.

Et la nouvelle est tombée, inattendue, terrifiante, stupéfiante. Les hommes révoltés du *Sonderkommando*, à Birkenau, avaient fait sauter les installations de l'usine de mort. L'information était exagérée quant à l'ampleur des dégâts, mais le fait était là, véridique. Pour la première fois, à Auschwitz, des hommes avaient osé l'impensable.

L'origine des explosifs ? J'ai entendu diverses variantes sur leur provenance et comme elles sont toutes plausibles et toutes invérifiables, je me contenterais du résultat. La machine était grippée.

La fin des sélections a coïncidé avec l'explosion provoquée par les gars sacrifiés de l'immense abattoir. Une autre raison à cette soudaine mansuétude SS : le manque d'hommes. L'Europe se libérait et les trains de déportés devenaient rares. Il ne s'agissait pas de créer une pénurie d'esclaves pour l'industrie de guerre allemande qui avalait les prisonniers dans les usines du coin.

A ma connaissance, le dernier convoi de France, celui des maquisards vosgiens, date de cette époque et a inauguré les matricules de la série 200000. Ça n'ira pas plus loin. Les SS ont distribué environ 200 000 numéros pour la masse d'hommes qui a défilé entre ces barbelés et que l'on chiffre par millions.

Mais la fin des sélections ne brise en rien le rythme auschwitzien : on y meurt toujours de faim, de coups, de pendaisons, de fusillades et de tortures au bunker, le block 11, de maladies foudroyantes. La chiasse fait toujours autant de ravages, la furonculose démolit à la même vitesse, les cœurs qui lâchent sont toujours aussi abondants, les expérimentations médicales continuent à la même cadence, on se balance toujours sur les barbelés et les kapos, chefs de block et SS n'ont rien perdu de leur rage meurtrière.

C'est également après la destruction d'une partie de la machine à tuer que les Juifs ont changé de triangle. Ils portaient, jusque-là, un triangle jaune, pointe en bas, surchargé d'un triangle rouge, pointe en l'air. Alors que le code d'identification des politiques avait la pointe en bas. Après l'explosion du *Sonderkommando*, les Juifs reçurent le même triangle rouge que les politiques, mais il était surmonté d'un liséré jaune qui indiquait qu'ils étaient juifs. Le triangle d'étoffe était la véritable carte d'identité du déporté.

Un Rouge ? C'est un politique.

Vert ? Un tueur auxiliaire de la meute noire. Les Allemands ne disent pas droit commun mais *Verbrecher*, criminel, lorsqu'ils parlent d'un Vert.

Noir ? Un fainéant, un saboteur du travail.

Rose ? Un homosexuel.

Violet ? Un Témoin de Jéhovah, *ein Bibelforscher*, un objecteur de conscience, un chercheur dans la Bible.

L'initiale, au centre du triangle, indique le pays dont provient le « coupable » revêtu du pyjama : F pour France, D pour les ressortissants du Reich, G pour les Grecs, etc.

La bande de toile qui coiffe le triangle arbore le même matricule que celui tatoué sur l'avant-bras gauche.

D'un seul regard, le SS connaît l'origine du prisonnier, le « motif » de son internement, le temps de sa présence au camp. Un *Häftling* qui porte les triangles jaune et rouge, ornés de la lettre « F », et arbore un matricule 28000 est donc un Juif originaire de France, arrivé au camp en mars 42. Chaque pensionnaire du Lager s'y retrouve immédiatement. Pas question de commettre un impair et de « manquer » à un ancien. Ça peut coûter très cher. Ce n'est pas parce qu'on vit en enfer qu'on élimine les classes sociales.

Retour aux jours qui ont précédé la libération.

La fin de décembre 44 a été vécue dans la morosité. Cette année-là, les massacres nazis ont atteint leur apogée mais certaines usines à tuer, bien rodées, ont disparu. Treblinka n'existe plus, Majdanek a été libéré.

De janvier à novembre, en dehors de la mort au quotidien alimentée par les convois de l'Ouest européen, ont disparu les Tsiganes, les Juifs de Hongrie, le ghetto de Lodz et nombre de survivants provisoires de l'insurrection de Varsovie. Auschwitz bat ses records de production de cendres humaines.

Le conflit se poursuit sur un rythme lent après les victoires de Normandie et du front russe. Chacun, à Auschwitz, sait que la guerre est perdue pour l'Allemagne, mais personne n'ignore que nul ne sortira d'ici. L'espoir fout le camp et Noël arrive, un Noël déprimant marqué par l'offensive allemande des Ardennes. La bête a encore des crocs et des griffes. Libéré, je me suis demandé ce qu'avait pu être le moral des détenus lorsque le Grand Reich accumulait les victoires.

Noël.

Les nazis, qui ne sont pas à une contradiction près, ont élevé un gigantesque sapin sur la place d'appel. Peu importe que le monde chrétien commémore la naissance d'un Juif qui a souhaité la paix sur la terre aux hommes de bonne volonté, et que ses descendants flambent ici. Noël, c'est Noël.

Le camp est blanc de la neige tombée de nouveau à la mi-décembre et le suaire qui couvre les blocks atténue un peu leur aspect triste de casernes de briques.

Petit événement… Noël, en 1944, est tombé un lundi.

Grande conséquence : le Lager a reçu samedi soir le pain pour trois jours. La prochaine distribution n'aura lieu maintenant que mardi.

Résultat : les affamés, tout le camp moins les planqués, ont dévoré leurs portions de nourriture immédiatement. Et le Lager plonge dans une famine encore plus grande.

Dès le crépuscule, il n'y a plus une miette de pain dans les trois camps d'Auschwitz. La pénurie entraîne immédiatement une flambée des cours et le pain standard de l'armée allemande (quatre rations), étalon de base de la nourriture concentrationnaire, voit son prix passer de 28 à 40 cigarettes.

J'ai assisté le 24 au soir au plus étrange réveillon qu'un homme puisse imaginer.

Chacun tourne, se balade, encore plus isolé que les autres jours. La faim taraude les estomacs comme les esprits et tous ne pensent qu'à une chose, essayer de trouver de quoi calmer ce vampire qui vous aspire de l'intérieur.

Les planqués du 13 a[1], le block où je me trouve, ont décidé de fêter la naissance du Christ à leur manière. Ce sont tous des Verts. Le chef de block, le *Schreiber* (secrétaire) et leurs *Pipel* se sont installés dans la *Schreibstube*, le bureau du lieu. Ils ont réussi, sans doute par un *Meister* et un 76000, à se procurer une volaille.

Les *Meister* sont des civils qui ont leurs entrées au Lager en tant que techniciens. Lorsque, pour les travaux du camp, les SS ne trouvent pas les hommes compétents parmi les déportés, ils les font venir de l'extérieur. Bien entendu, ceux-ci participent aux différents trafics organisés ou supervisés par les SS.

Et parfois l'extraordinaire se produit. Ainsi m'a-t-on raconté un événement dont j'ai rencontré certains des protagonistes. Un des 76000

1. Le numéro du block indique par lui-même le rez-de-chaussée. La lettre « a » signifie premier étage.

avait été victime d'une crise d'appendicite. C'était l'opération ou la mort. Il n'y avait pas pénurie de chirurgiens de valeur parmi les déportés médecins. Ne manquait que le produit anesthésiant.

Par l'intermédiaire des *Meister*, moyennant une somme gigantesque payée en cigarettes, les 76000 qui étaient, entre eux, d'une solidarité inouïe, ont fait entrer la drogue au camp et pu opérer leur camarade. Il a survécu à l'intervention.

Donc, ce 24 décembre 1944, les planqués du block fêtent Noël en dégustant un canard rôti tandis que les crevards en dévorent l'arôme.

On peut devenir meurtrier pour moins que ça et les Verts ont pris leurs précautions, en barricadant la porte et en s'armant de matraques. L'envie de tuer possède, elle aussi, une odeur.

Lundi 25 décembre. Jour chômé, le camp regorge d'hommes. Comme toujours, dès qu'il y a un court répit, chacun cherche un compatriote, retrouve parfois un camarade, mais ne pense en fait qu'à une seule chose, arrêter le hurlement que l'on traîne en soi : manger. Peut-être cette dramatique obsession, plus dure que le désir sexuel, a-t-elle empêché un certain nombre de suicides. La faim est en effet une formidable gomme qui efface tout ce qui vous entoure et vous empêche de regarder en vous-même, de vous souvenir de la veille, d'imaginer le lendemain et d'évoquer ceux que vous avez aimés. Aimer au passé, car, au Lager, l'amour n'existe pas. Les fantasmes disparaissent, le besoin de tendresse s'envole, ne demeure que l'instinct vital : manger. Et ce n'est que lorsque l'estomac est satisfait que le sexe réapparaît. Un ascète ne mourra pas d'abstinence, mais il crèvera épuisé par les quintes de faim à répétition. Seule subsiste, pour les planqués, une forme primitive de sexualité, la masturbation, lorsqu'on ne dispose pas d'un *Pipel* bien à soi. *Pas un* des survivants de mon entourage, tous crevards de base, ne m'a parlé de désirs physiques durant sa déportation, pas un !

Je crève de faim. Et me voilà devant la cuisine.

C'est un des endroits que j'évite comme la peste. Oh, pour une raison simple. Je me souviens même de la date concernée : c'était le 2 septembre. Après notre séjour à Birkenau, c'était notre troisième jour à Auschwitz I, au camp central. Nous n'avions même pas les triangles et les matricules cousus sur les vestes et les pantalons.

Et je suis embarqué pour une corvée de pluches. Comme dans n'importe quelle caserne.

Une table immense avec des bancs de bois de chaque côté. Les *Mützen* ont été déposées à l'entrée. Pas question de se balader nu-tête. A l'extérieur il faut porter son béret pour pouvoir saluer, en l'ôtant, les SS que l'on croise. Les hommes se font face, crânes rasés, visages émaciés par la sous-alimentation, regards brillants. Ils ont changé, mes potes. Et chacun d'eux me renvoie mon image. Ces cernes, ces yeux qui s'enfoncent dans les orbites, ces pommettes qui deviennent saillantes ne sont que mon reflet.

Les patates sont dans des paniers. On nous a donné des grattoirs.

Le SS de la cuisine tourne autour de nous. Un SS : non seulement une machine à tuer, mais aussi un sadique.

A la Gestapo de Grenoble, j'avais découvert ce qu'on ressent durant un matraquage ou lorsqu'on fait face, seul et nu, à quatre gouapes. J'avais connu aussi l'affreuse sensation de la noyade dans une baignoire. A Birkenau, j'ai chopé une gifle. Là, dans la *Häftlingsküche*, la cuisine des prisonniers, nouvelle initiation à la vie du camp : se faire piétiner par un homme chaussé de bottes.

J'épluche mes pommes de terre en silence, sans lever la tête. Et la gifle arrive par-derrière pour atterrir sur mon œil droit.

Une main me saisit par le col de ma veste. Instinctivement, je tends les jambes et me retiens, par les pieds, au rebord de la table. Rien n'y fait. Éjecté, je me retrouve sur le sol et, sous une bordée d'insultes, je suis consciencieusement piétiné par le SS de service.

C'est d'autant plus affolant que je n'en comprends pas la raison. Ça tombe dru, en aveugle, la botte frappe au ventre, au thorax. Le tout accompagné d'un répertoire dans lequel il est question de mon cul, de ma mère, de la façon dont j'ai été conçu et d'autres formidables injures que je ne connais qu'en allemand. Encore que le russe et le polonais ne soient pas à dédaigner dans ce domaine.

Les copains baissent la tête un peu plus. Personne ne voit rien mais nul ne perd une miette du spectacle. Silence total seulement brisé par les « han » du SS, par le raclement de mes talons sur le ciment.

Je n'ai eu la vie sauve que du fait de l'intervention d'un kapo qui venait chercher son boss pour régler un problème ailleurs.

Mon crime ? J'épluchais les patates alors qu'il fallait seulement les gratter. J'ai découvert, plus tard, le dimanche, lorsque la soupe était remplacée par des pommes de terre en robe des champs, qu'il était avantageux de manger ses patates épluchées et de terminer par les épluchures. Le repas dure plus longtemps et ça permet de varier le menu.

Je ne suis pas allé au KB. Trop dangereux à cette époque. J'ai traîné durant des jours une douleur intercostale. En compensation, je suis devenu célèbre au block 8. J'étais l'idiot qui épluchait les légumes au lieu de les gratter mais qui n'avait pas gueulé lorsque le SS pratiquait sur lui la danse du scalp.

Encore une découverte de mes vingt ans. Si vous faites pitié dans un monde impitoyable, vous êtes mort. Par contre, si vous tremblez de peur mais que cela ne transparaît pas, alors on vous respecte et on vous fiche la paix.

C'est un peu plus tard que j'ai croisé Pierre. Je n'ai jamais su son nom, je ne me souviens pas de son matricule. Mais son histoire éclaire la façon dont on peut conquérir le respect dans les situations extrêmes.

C'est un jeune Juif de Paris. Profession : dessinateur industriel. Un homme dans la trentaine, exerçant un métier banal dans une vie banale. Rien ne le prédispose au courage fou ou à l'héroïsme romantique. Rien, sinon qu'il est marié. Il a aussi deux enfants qui ont réussi, avec son épouse, à se cacher sous une fausse identité dans le Midi.

La guerre… Démobilisation… Cursus habituel… La zone nono[1], l'arrestation.

Il tâte de la prison à Toulouse et, après le passage obligatoire à la machine à détecter le Saint-Prépuce, c'est Drancy.

1. Façon ironique de désigner la « zone non occupée », donc tout ce qui était au sud de la ligne de démarcation.

1942. Pierre débarque ici à la fin de l'automne, lorsque le ciel pleure d'humiliation d'avoir à coiffer un pareil pays, lorsque la terre en dégueule de honte sa boue liquide, lorsque les pierres et les arbres en gémissent de rage et d'impuissance. Les seuls encore capables de gémir. C'est l'époque des grands massacres, des jours gris, des aubes noires où les kommandos passent la porte avec un ordre précis : tuer. L'orchestre sonne l'hallali, la sentinelle de la porte pointe sa liste, les kapos attendent. Et le soir, au retour, l'orchestre, toujours présent, joue. Bombez le torse, amis ! Pas cadencé, tête droite ! A l'arrière, les porteurs ramènent les cadavres du jour, frais massacrés comme frais pondus. Trois au *Strassenbau*, cinq au *Kohlenplatz* (le stockage du charbon), deux au *Holzhof* (la réserve de bois). Joue orchestre, marche camarade, attaque du pied gauche le boum de la grosse caisse ! Fin du travail, fouille, la caravane passe, les morts suivent, se ressemblent tous.

Début 43, sélection tous les dimanches matin, avant la soupe bien entendu, pas de petites économies pour le Saint Empire SS romain germanique. On ne va quand même pas nourrir des gus qui seront morts dans l'après-midi.

Et, un dimanche, ça tombe sur Pierre. Le SS de service se sent un peu las ce matin. Gretchen a sans doute été exigeante cette nuit, un peu perverse peut-être aussi. Lui n'est pas pervers, pas dépravé, seulement las, fatigué, cette guerre qui dure, qui dure… Alors, il s'adresse à Pierre.

– Aujourd'hui, c'est toi, le Français, qui feras la sélection.

Immobile, Pierre, béret bas, reçoit l'ordre comme un cataclysme. Toujours au garde-à-vous, nu-tête, le regard à vingt pas, il répond, très las lui aussi.

– *Nein, Herr Oberscharführer*[1], non, je ne la ferai pas.

Le SS se gratte l'oreille droite. Tiens, pense-t-il, j'ai un problème d'audition. J'ai mal entendu ou quoi ? Un *Häftling* refuserait d'obéir ?

Bis repetita.

Le sous-off dévisage le Français, l'examine en tournant autour de lui, dénude mentalement la carcasse du dessinateur, compte les côtes bien nettes, calcule les heures qui lui restent à vivre.

L'Allemand joue avec sa badine, tapote sa botte noire de cirage.

Décidément, il est très fatigué ce matin.

– Comme tu voudras, mais tu passeras au gaz le premier.

– A vos ordres, *Herr Oberscharführer*, j'irai au gaz le premier.

1. Sergent-chef dans la hiérarchie SS.

Fin 44, Pierre est encore en vie. Des hommes et des femmes de cette trempe, on en trouve quelques-uns. Plus nombreux qu'il ne semble au premier abord. Des gens simples qui ont dominé la peur de la peur. Mourir n'est rien. Un souffle qui s'éteint, point final. C'est la peur qui est terrible.

Malgré ma propre frousse, je suis revenu une fois à la cuisine, en novembre.

Là, sur ce navire qui nous balade sur la plus belle mer du monde, je réalise que c'est peut-être la succession de mes « exploits » qui m'a permis de durer un peu plus avant de devenir pré-musulman [1], étant entendu que c'était ma peau qui était en jeu à chaque infraction de la loi SS.

Je ne me souviens pas de qui est venue l'idée. Folle ! Absolument folle ! Mais elle a fait son chemin, s'est incrustée, et nous sommes passés à l'acte.

1. Musulman : prononcer « mousoulmane ». Terme qui désigne les hommes arrivés au stade terminal de la cachexie. Un être déjà mort mais qui respire encore, qui n'agit plus que par réflexe et, j'en ai vu, incapable de porter sa cuiller à la bouche en raison de son épuisement. Être *mousoulmane*, c'est être fini. Dire de quelqu'un qu'il est *mousoulmane* signifie qu'il va mourir d'un instant à l'autre. De mort « naturelle » s'entend, ou gazé à la prochaine sélection. La moyenne de durée, pour en arriver là, était de six à sept mois.

Avec un copain, nous nous sommes alignés parmi les corvéables qui venaient chercher la soupe pour les bagnards de nuit. Les usines de l'Union, par exemple, un des kommandos fabricants d'armes, tournaient en deux équipes, douze heures de travail pour chaque groupe.

Sur les chantiers, la soupe arrivait dans d'énormes récipients de bois fixés sur des brancards mobiles portés par deux hommes. Pour les petits kommandos, les électriciens, l'adjonction d'eau, etc., elle venait dans les bouteillons qu'ont bien connus les soldats en guerre. Là, calmement, nous avons empoigné un récipient et sommes partis, le tonnelet tenu bien droit entre nous deux, sans hâte, surtout sans hâte, pour nous planquer dans un coin avec nos vingt-cinq litres de nourriture liquide.

Quelle fiesta ! Avec mon pote, nous avons mangé, mangé, mangé. Nous avons ensuite vomi, vomi, vomi puis, bien entendu, nous avons recommencé à manger, manger, manger.

Et l'estomac plein à ras bord, mais la tête toujours remplie de l'inextinguible famine, nous avons condescendu à abandonner le bouteillon à quelques copains crevards qui nous avaient repérés et attendaient impatiemment la fin du banquet des lions.

Retour aux sources. Puisque c'est Noël et que le monstre continue à me dévorer de l'intérieur.

Donc, je rôde autour de la cuisine.

Miracle, je déniche, sans doute perdu par mon ange gardien, plutôt mon démon que mon ange, une betterave. Je ramasse cette chose rougeâtre et gelée et la dévore sur-le-champ. Quel délice !

La nuit même, coliques. Et je me retrouve malade, à la reprise du travail, sur le chantier de Petersen où je travaillais depuis quelque temps, firme qui construisait à l'époque le tout-à-l'égout pour le camp. C'était une entreprise allemande qui affrétait la main-d'œuvre concentrationnaire à la SS. Le travail y était dur avec un kapo incroyable. Un tueur, lui aussi. Un Vert qui portait le n° 3. Il avait donc INAUGURÉ Auschwitz.

C'était un géant longiligne qui, à la pause de midi, à l'heure tant attendue du repas, cognait comme un sourd, avec sa louche, sur les affamés qui accouraient vers la nourriture. J'ignore pourquoi, il ne me touchait pas et m'appelait « le Maigre ». Être traité de « maigre » au royaume des *mousoulmanes* n'est pas un bon pronostic. A moins que les tueurs n'aient, eux aussi, le sens de l'humour.

Malade, fiévreux, les tripes en délire, je me traîne près d'un des feux du chantier. Nous construisions une canalisation de ciment ou de béton par des températures incroyablement basses et, pour y arriver, une rangée de braseros illuminait le chantier.

L'*Unterkapo*, un Rouge allemand, compétent dans son boulot, me laisse me réchauffer. Je passe ma journée entre chiottes et chantier. Le lendemain, même topo.

C'est bon une betterave, mais ça peut aussi tuer. Et le 28 décembre, date inoubliable, c'est l'anniversaire de ma mère, je ne tiens plus et me pointe à la visite médicale au KB.

Il n'y a plus de sélections, c'est vrai. Mais la réputation de l'hôpital reste telle que l'on n'y va que contraint et forcé. Allez donc savoir ce qui peut passer dans la tête du *Lagerführer* et quelle nouvelle saleté il est capable d'inventer pour vider l'hosto ?

Visite primaire devant un toubib déporté. Il me trouve assez malade pour m'envoyer devant le médecin SS.

Je suis nu. Un infirmier inscrit sur ma poitrine, en se servant d'un crayon à encre, mon matricule en chiffres géants. Je suis réellement devenu un animal. Deux mots d'explication du confrère bagnard au confrère SS et le verdict tombe : « Admis au block 19, à la *Durchfallstation* », section dysenterie, coliques et chiasses en tout genre.

Block 19. Le « service » est dirigé par le docteur K., un médecin anversois, assisté du docteur Pollack, un Autrichien.

K. est un saint homme. Il soigne. Mais il a aussi des protégés et des intérêts à défendre. Donc, sous sa férule, chaque pain donne cinq rations au lieu de quatre. Les pains économisés restant la propriété du toubib et de sa cour.

Pas un méchant homme, le médecin belge, mais « *Es ist doch Auschwitz, Mensch !* », réponse faite par un kapo à un détenu qu'il matraquait. L'homme hurlait, interrogeait : « Mais pourquoi, kapo, pourquoi, je n'ai rien fait ? » et l'autre lui répondait : « *Es gibt kein Warum.* Il n'y a pas de pourquoi, c'est Auschwitz, mec ! »

Pollack est d'une autre trempe et reste un vieux gentleman viennois. Bouclé depuis 1938, il achève sa sixième année de camp. Il les connaît tous, Dachau, Flossenbürg, Mauthausen, Buna... Un vrai guide cet homme : Sachsenhausen ?... Mérite un détour, à éviter. Dora ?... Ne vaut le voyage que pour le tunnel et sa sortie par la cheminée...

Pour lui, l'univers quotidien, c'est la mort, la souffrance, avec comme corollaire le sens de l'inutilité de tout ce qu'on lui a enseigné. Médecine... Pour quoi faire ? Soigner... Avec quoi ? Atténuer la douleur... Existe-t-il un remède contre les SS et les kapos, un sulfamide contre la sottise, une pommade anti-connerie ?

Chaque matin, au « 19 », il arrive, impeccable dans sa blouse nette ; son crâne, tolérance SS, s'orne de cheveux très courts qui forment une brosse brillante et blanche.

Il passe, s'arrête, salue au garde-à-vous le SDG[1]. Chaque matin, le vieil officier du service de santé autrichien claque des talons devant le tout petit infirmier SS, véritable maître de l'hôpital.

Commence la visite. Il longe les châlits, interroge :

– *Herr Dupont! Wieviel Stühle haben Sie heute gehabt?* Monsieur Dupont! Combien de fois êtes-vous allé à la selle aujourd'hui ?

Pollack est le seul homme du camp à donner du « Monsieur » à ses malades.

Le seul à ignorer la présentation par matricule. Certes, il l'utilise dans sa paperasse mais jamais dans son propre langage. « Monsieur »... Ce simple mot redevient une couronne princière offerte à une silhouette qui achève sa vie en se vidant dans son lit. Il n'a plus la force de courir vers les chiottes, « Monsieur », il va terminer son existence là, abandonné de tous, lâché par sa carcasse qui n'en peut plus, il crèvera dans sa merde mais avec un titre de noblesse, un vague sentiment d'exister encore, « Monsieur » et pas 125000 et quelque chose.

1. *Sanitätsdienstgefreiter* : infirmier SS.

– *Herr Souverbil! Wieviel Stühle haben Sie heute gehabt?*

– *Fünf!* Cinq!

J'ai été déporté sous ma fausse identité et, en dehors de mon matricule, je m'appelle Jules Joseph Souverbielle pour l'administration du camp. C'est un nom béarnais qui m'a été offert fin 42, par chaleur humaine, avec un vrai bulletin de naissance, par mon ex-employeur, catholique authentique, dans une bourgade des Basses-Pyrénées[1], près de Pau. J'ai vécu sous ce nom jusqu'à mon retour, le 11 mai 45, à Marseille.

Herr Pollack prononce à l'allemande ce nom aux intonations du Sud-Ouest français : Souverbil!

J'aurais ainsi au moins connu deux êtres respectables dans mon existence, Léonce Souverbielle (Souverbil...), de Coarraze, et le docteur Pollack, de Vienne.

Oui, Monsieur Pollack, je suis allé cinq fois à la selle, aujourd'hui. C'est faux, je vais mieux, mais une réponse de ce genre entraîne de sa part la fourniture d'une pâte blanche et sucrée. Personne ne connaît la composition du produit mais tout le monde en apprécie le goût mielleux et, de plus, c'est bon pour la chiasse, alors...

D'autres médecins, aussi, font leur boulot de soignants, sauvant l'un, cachant l'autre un jour

1. Aujourd'hui, les Pyrénées-Atlantiques.

de sélection, volant de rares médicaments chez les SS pour aider un compatriote, un copain, un camarade de combat. Ils trichent pour soigner, volent pour aider, mendient pour « guérir », se prostituent pour répondre à un SOS fou de désespoir.

Le docteur Pollack, lui, a été tué quelques jours avant la libération.

*

Le *Bergensfjord* s'engage dans le détroit de Messine.

A bâbord, la Sicile et, en vis-à-vis, la Calabre. Des deux côtés du navire, la terre est proche à toucher. Le soir descend et je crois n'avoir jamais connu un coin aussi paisible que ce morceau de mer.

J'ai envie de me laver et me dirige vers les douches. Luxe, *first class.* Je découvre la toilette à l'eau de mer. Surprise : le savon ne mousse pas. Quelle importance… Revient l'image d'une soirée infernale au Lager. Une autre douche…

… Novembre 44. Il pleut. Après une première neige, la température s'est radoucie et la boue a fait son apparition.

Sur les chantiers, les hommes s'enlisent jusqu'aux chevilles et chaque bagnard traîne des bottes de glaise grise collées à son pantalon. Chaque pas pour s'extraire de cette fange coûte un effort de plus, réclame un peu plus d'énergie, démolit un peu plus vite les *mousoulmanes* en puissance. Depuis trois jours, il pleut. Sur les chantiers, les lorries se coincent, déraillent parfois dans les hurlements des kapos qui cognent et finalement se trouvent obligés de mettre la main à la pâte pour remettre les wagonnets sur les rails. Pas question de laisser la voie se bloquer et de retarder le mouvement. *Bewegung!* Mouvement! C'est le cri du camp.

Dimanche. Une pause dans le désastre. Un dimanche qui écrit sur les vitres des blocks des mots tracés dans le langage de la pluie, toujours les mêmes. Ça ne finira donc jamais?

Et ça tombe brutalement: « *Entlausung!* » Inspection du linge corporel à la recherche des poux. La onzième plaie d'Égypte, celle que la Bible n'a pas osé imaginer.

L'Allemagne est terrorisée par la crainte des épidémies et en particulier celle du typhus. Cette saleté a ravagé l'est de l'Europe à la fin de la Première Guerre mondiale et cela reste vivace dans les mémoires.

Dans des conditions normales, la présence d'un pou n'est pas si grave. Je suis allé à l'école communale à Belleville et chaque gamin du quartier connaissait la « Marie-Rose », « La mort parfumée des poux », un produit miracle sur les têtes des petits.

A Birkenau, après douze jours de train et neuf jours dans la baraque, j'ai découvert les morpions. Ça démange… On se gratte. Mais, ici, chacun connaît la formule : « *Eine Laus, dein Tod!* » Un pou, ta mort! Un pou dans un block et c'est la désinfection immédiate. *Entlausung!*

La prospection commence. Toute la hiérarchie du block est présente, du *Stubendienst* (le larbin) au *Blockführer* SS en passant par le *Schreiber* et le *Blockälteste* (le boss interné du block).

Les hommes sont nus et semblent encore un peu plus misérables avec les vêtements posés à leurs pieds. Chacun regarde son voisin, découvre sur la peau de l'autre les traces de sa propre déchéance, de sa future échéance, les stigmates de sa décrépitude personnelle, préavis au faire-part de décès, à la prière d'incinérer. Les rares planqués tranchent dans le tas de chair maigre et grise avec leurs corps rebondis et roses. C'est fou l'indécence que révèle la présence d'une carcasse grasse au milieu de squelettes en gestation.

Nouvel ordre. Chemise à la main, coutures retournées! Le chef de block passe l'inspection.

– *Gut… gut…* Ça va.

Et la bulle explose. La bulle de rage folle qui se transforme en hurlements, en insultes et jurons allemands, polonais, russes : « *Scheisse,*

Dreckmann, Piérunié, Skourve sinn! » Là… sur la couture… à l'emmanchure apparaît le monstre. Il se promène, le petit insecte, le minuscule parasite, chou, genou, hibou, caillou, pou. Le Pou! Le Toto impérial. Elle est là, la terreur du camp, l'ennemie publique du Troisième Empire allemand, cette minuscule bestiole qui assassine. Oh, pas directement, non, mais un seul pou dans un block et tous les hommes du bâtiment passent à la désinfection. Et cette saleté tue.

Le soir même, le « Royal Morpion », le régiment entier, part en campagne, se dirige avec armes et bagages et son pou unique vers la bâtisse de la désinfection.

Arrêt dans l'allée devant la porte enchâssée dans les briques rouge sombre. Ordres, hurlements, coups.

Il pleut. Les hommes se déshabillent, plient les vêtements qu'ils attachent en paquets, utilisant leur ceinture comme lien. Ils sont nus sous la pluie, n'ayant gardé que leurs chaussures aux pieds. L'air sent l'automne, la neige proche, et l'odeur brute de la terre détrempée se mêle au parfum brun des corps.

Il pleut. Lentement le froid gagne, s'insère dans les muscles, fige les tendons et les fibres de chair. L'eau gicle des gouttières, rebondit sur les crânes tondus, file en rigoles sur les nuques. Les dents claquent, la peau tremble, les genoux vibrent, la pluie joue du piano-jazz dans les flaques qui brillent dans le caniveau.

Les vêtements, entassés sur un chariot, partent vers l'étuve. Et les hommes attendent. Le temps se tire, s'étire, s'effiloche.

Il pleut. Et ça dure une heure, deux, parfois la nuit entière. Les hommes attendent. La mort, planquée dans son coin, patiente elle aussi. Tranquille, elle fait son marché. Tiens, celui-là, à l'allure cassée, semble à point. Un bruit, une rumeur, un remous de foule. Le premier corps tombe. Trop usé ce grand gaillard, il est mort vite. Heureux qu'il ne neige pas, car sous la neige… Non, ce soir, simplement, il pleut.

Une heure encore… Nouveau bruit, nouveau corps qui s'écroule. Ça fait « flac » quand ça heurte le sol, seulement flac. Une gifle sans écho. Le temps se tire, la porte s'ouvre dans le bâtiment. Un ordre. Ruée en avant. Cinq seulement, cinq ! La matraque frappe, un corps glisse, une gorge crie sous le piétinement des cinq qui chargent et passent. Et là, bonheur, la douche brûlante, la vie chaude qui gicle des tuyaux. Désinfection : chacun s'arrête devant un auxiliaire du block. Une éponge trempée dans un seau, quatre gestes, sur la tête, sous les bras, sur le pubis, un produit à l'odeur âcre glisse sur la peau, chauffe, irrite, ça tue aussi les poux, paraît-il, hurlements, ordres… *Raus !* Glissades, cris, la vapeur brûle, des fantômes courent dans la brume, s'emparent de leurs chaussures restées à l'extérieur, vite, vite, de serviettes point, ruée vers l'allée sous un dais de matraques qui accélèrent les mouvements. Suivants ! Les cinq suivants ! La rue, sous la pluie. Les corps nus titubent dans des chaussures pas lacées et sprintent comme des zombies dans une fête du vaudou, des zombies sans chair s'initiant à la course. Cap sur le block, coude à coude serré, ruades, poussées, catch à deux, catch à quatre vers le poêle de faïence. On attend les fringues. L'attente dure… devient éternité. Retour des vêtements. Chacun récupère son bien, se couche, s'endort enfin. Écroulés dans la fatigue qui les cerne, les hommes dorment.

Et le cri du matin tombe…

– *Aufstehen !* Debout ! *Aufstehen !*

Sur le *Bergensfjord*, je me moque soudain que le savon ne mousse pas. C'est chouette l'eau de mer pour une douche.

*

Block 19.

La fin de l'année est proche. Ici, chacun sait maintenant que, dans l'Ardenne belge, le soleil est revenu et que l'aviation alliée a pu enfin se joindre à la bataille.

Il a neigé de nouveau. Tout est blanc. Avec ses couchettes superposées sur trois niveaux, la section chiasse-merde-et-cadavres repose toujours sur le même principe. Ceux dont l'état s'améliore dorment au dernier étage. Le milieu est attribué aux taulards sortis de la période mortelle.

Rez-de-chaussée : les mourants, ceux qui ne peuvent plus se lever et qui défèquent sous eux. Les hommes se vident à toute vitesse, se liquéfient, meurent. Depuis cette époque, je me demande ce qui différencie la dysenterie du choléra. Quelle puanteur est la plus forte ?

Médicaments ? Un cachet de Tanalbin[1] et la pâte blanche du toubib autrichien. Pour le reste…

Et le jour de l'An arrive.

1er janvier 1945 !

Quelques gars échangent une poignée de main. Je n'ai pas souvenance de vœux. Souhaiter, au Lager, une bonne année à quelqu'un ressemble à de la provocation. Ou alors des vœux d'un nouveau genre, le cynisme étant encore un moyen de défense, dans le style « Bonne année, bon caca, crève plus vite tu pueras moins ».

Jour de l'An. La seule fois où j'ai vraiment craqué en m'offrant une crise de larmes.

Ici, j'ai croisé des hommes blêmes vidés de leurs dernières ressources vitales, des types au

1. Un cachet jaunâtre, à base de tanin, m'a-t-on dit. Vrai ? Faux ?

regard halluciné, des taulards qui ne voyaient plus leur environnement, des *Häftlinge* morts vivants, des *mousoulmanes* se déplaçant comme des fantômes, sans bruit et sans geste. J'ai aperçu des êtres qui parlaient tout seuls, qui se parlaient en fait car ils n'entendaient plus les autres et ne pouvaient leur répondre. J'ai entendu C., un copain, hurler lors d'un des châtiments corporels infligés par les Verts : « Les 25 sur le cul. » Une punition simple. L'homme déculotté est allongé sur un tabouret et reçoit vingt-cinq coups de manche de pelle sur les fesses. Si le chef de block ne cogne pas trop fort, si le bois ne dérape pas et ne casse pas la colonne vertébrale, si le bassin résiste, alors, bravo, on le reverra. Sinon… Des cris de douleur… ma tête en est pleine, sur les chantiers, à la soupe, à l'appel, dans les blocks. Les cris fous sont une des caractéristiques du Lager. Des hurlements de souffrance, des plaintes d'hommes revenus à la petite enfance, souffles stridents de bêtes qui expirent. Mais je n'ai jamais vu un homme pleurer, jamais, sauf Simon un soir où ça débordait.

Je me suis réveillé le 1er janvier, j'ai avalé ma mixture appelée café, goûté l'entremets blanc du docteur Pollack.

Et Adolphe est entré dans la salle.

Ce jour-là, c'est la dernière fois que je l'ai vu. J'ignore s'il a survécu, s'il a fait partie des survivants de la marche mortelle qui a clôturé Auschwitz. Nuit et brouillard.

Adolphe Dahan est un Juif français originaire d'Algérie.

Profession ? Coiffeur.

Nous n'étions ni copains ni indifférents l'un à l'autre, on se côtoyait tout simplement. Je survivais dans un petit groupe de garçons jeunes et de militants ; lui avait dépassé la trentaine et se tenait surtout avec les séfarades d'Algérie. Donc relations superficielles dans les moments de répit. Nous étions seulement du même convoi, de ces excursionnistes partis de Drancy, Compiègne, Mérignac ou d'ailleurs, pour un voyage de douze jours vers une « destination inconnue ».

Ce premier de l'an 1945, Adolphe Dahan est donc entré dans la grande salle du « 19 ».

Devenu, par hasard, coiffeur d'un block, Dahan est maintenant un planqué, il est *Blockfriseur*, un maître de la *Friseurhandwerk*, la coiffure.

Nourri correctement, il s'est remplumé et a retrouvé un aspect humain. Son boulot lui a permis d'économiser des cigarettes et c'est en capitaliste qu'il a réussi à se procurer, le diable seul sait où, un paquet de biscuits, des petits « LU », avec l'idée farfelue de rechercher ses copains de convoi à l'hôpital pour leur souhaiter une « bonne année ».

Et le voilà, près de mon lit, souriant. Il me tend la main. Je me demande si je rêve où s'il se fout de moi lorsqu'il me tend un cadeau impérial, un petit-beurre.

– Bonne année, Jo.

Lorsque j'ai réalisé que c'était vrai, que le biscuit n'était pas du toc, quand j'ai senti fondre la pâte entre mes lèvres, quelque chose a craqué et pendant quelques minutes je suis redevenu un humain : j'ai pleuré.

Parmi les planques du camp, deux sont inoubliables. La coiffure, comme pour Adolphe, ainsi que la profession parfaitement odieuse et superbe de gardien des chiottes, le « *Scheissmeister* », le « Maître des chiottes ».

Il existe, dans le monde dit normal, des lieux de rencontre privilégiés, les bibliothèques, les stades, les théâtres, les musées, les amphis des facs, voire les salles d'attente des gares. Au Lager, CE coin « paradisiaque » n'était autre que les chiottes collectives d'un groupe contraint à une non-vie collective. Lieu d'échange d'informations, de relevé barométrique du moral des hommes, de découverte de la saloperie du jour concoctée par les gardes de l'Ordre noir et leurs auxiliaires. Le soir, on y retrouvait les autres habitants du block et on pouvait discuter. Mais sur un chantier, pas question de palabres aux chiottes, domaine du *Scheissmeister*, personnage considérable au Lager.

Simple à comprendre : au travail, lorsque cinquante ou cent zombies s'activent à faire du terrassement, à piocher, pelleter ou charger des lorries, celui qui reste immobile se fait immédiatement repérer par la hiérarchie verte ou par les *Posten* SS, les gardes, d'où le cri des chantiers : « *Bewegung!* Mouvement ! » Avec son supplément d'alarme, variante française mais adoptée par tout le camp, « Vingt-deux ». Tout Auschwitz sait la prononcer, avec l'accent flamand, grec, ukrainien, allemand, polonais : « Vingt-deux ! »

Même si, par miracle, vous réussissez à tirer au flanc ce jour-là, le simple fait de marcher, de bouger vous crève. Donc, l'instinct exige un coin pour une pause.

Or le seul endroit où on puisse reprendre souffle se situe dans la cabane des chiottes. Naturellement, elle est gardée par le Prince Bleu, Sa Hauteur, Sa Splendeur, le *Scheissmeister*, un triangle vert. Et le petit bonhomme épuisé que vous êtes va devoir verser la dîme à son suzerain pour obtenir trois minutes de survie.

– Une cigarette, *Kamerad* !

Pas de cigarette… et le délai de réflexion se ramène à trente secondes avec éjection à la matraque. La colique tord les tripes d'un bagnard ? Il s'en fout, le Roi des chiottes. La dysenterie liquéfie les dernières forces d'un homme au bout du rouleau ? Le *Scheissmeister* s'en contrefout. Ce gamin à l'air affolé, qui n'en peut plus, avec sa mort inscrite sur ses pommettes, ce gosse qui a besoin de calmer le rythme fou de son cœur et dont le regard supplie… Il sait tout ça, l'Empereur de la merde, et après ?

– Une cigarette, *Kamerad* !

Le *Scheissmeister* est la parfaite incarnation du nazisme, un métier de roi dans un royaume de merde, de sang et de cendres. C'est dans les chiottes de Birkenau que j'ai découvert qu'un billet de banque pouvait parfaitement remplacer le papier-toilette.

A notre arrivée, peut-être parce que notre train était différent des convois habituels, nous n'avons pas été sélectionnés immédiatement mais installés dans un gigantesque hangar, posé sur un sol non aplani, éclairé par trois ampoules, dans ce que nous appelions « la baraque », à une cinquante de mètres d'un bâtiment de briques que les anciens nommaient « le block de la désinfection ».

En attendant que nos maîtres statuent sur notre sort, nous nous sommes retrouvés là, hommes, femmes, enfants, dans une promiscuité incroyable qui a duré neuf jours, neuf siècles, sans soins corporels ou hygiéniques, en étant incapables d'appréhender que nous étions dans un endroit qui n'avait qu'un but : tuer ! Nous tuer !

Alimentés, sur ordre, par les hommes du Canada[1], nous avons découvert, à travers leurs récits, dans l'incrédulité la plus totale, ce qui se passait près de ce bois de bouleaux, *Birkenwald*, qui avait donné son nom au camp : Birkenau.

Hormis les balbutiements mortels de Belzec ou de Chelmno, avec les massacres artisanaux aux camions à gaz, le premier centre mondial de meurtres industriels a été inauguré ici, avant Majdanek et Treblinka.

Nous n'avons le droit de sortir que pour aller jusqu'au bâtiment des toilettes, à dix mètres environ. Et là, surprise, je retrouve Maurice B., affecté au Canada, un déporté de 42, donc un survivant, garçon que j'ai connu dans mon enfance au patronage de la rue Julien-Lacroix, à Belleville, où ma mère m'envoyait pour que je reçoive une éducation religieuse afin de devenir un gentil garçon, croyant, bien-pensant, et tout et tout. Pauvre femme ! C'est à Auschwitz que j'ai été élevé, maman.

Questions sur la France. Et puis confirmation

1. Le kommando d'accueil. LA « planque » du camp. Personne ne connaît l'origine du nom, dû probablement à l'« humour » SS.

de ce que nous entendons depuis notre arrivée et ne croyons toujours pas. Sauf les communistes. Très vite, par des contacts retrouvés chez les hommes qui nous accueillaient, ils ont été informés de la réalité du Lager. Ils écoutent, recoupent, analysent. Et ce sont leurs visages soudain très graves, leurs regards préoccupés qui ont commencé à briser le mur d'incrédulité derrière lequel se barricadait la majorité du convoi.

Sur son trône, près de moi, Maurice ricane. Je n'en ai pas trouvé un, parmi les anciens, qui ait conservé un rire humain, non, c'est une sorte d'expectoration qui le remplace.

– Et encore, me dit-il, vous arrivez au moment où le Lager est devenu un sanatorium.

Du regard, je cherche du papier-toilette.

– Qu'est-ce que tu veux ?

– Du papier-toilette.

L'ancien me regarde, d'abord incrédule, puis retentit de nouveau ce sanglot qui vient du fond de la gorge, son rire.

– Je vois…

Le ricanement reprend, monte en saccades. Maurice sort un papier froissé de sa poche et me le tend.

– Tiens, ça fera l'affaire.

Je déplie le chiffon.

– Mais… tu te trompes, c'est un billet de banque, un billet de cinq mille francs !

La coupure porte le sigle « Banque de France » et les inscriptions usuelles de la monnaie nationale imprimées sur la plus grosse unité monétaire en usage à l'époque dans notre pays.

– Je sais, c'est un billet de cinq mille, là-bas, en France. Ici, ce n'est rien d'autre qu'un morceau de papier. La seule devise qui compte au Canada est le dollar. On en trouve dans les bagages des convois. On récupère de tout dans les trains de déportés, de la merde et de l'or. Évidemment, les SS s'emparent de chaque objet, de chaque valeur, mais comme toujours il y a un certain coulage.

Perché sur mon siège, j'admire mon billet de cinq mille, le tourne, le regarde par transparence, je lis machinalement l'avertissement usuel :

« … Le contrefacteur sera puni de travaux forcés à perpétuité. »

Contrefacteur de quoi ? De monnaie ou de papier-chiottes ? De toute façon, aux travaux forcés, nous y sommes.

Et je me mets à imaginer avec Maurice la Banque de France métamorphosée en gigantesque usine de papier-toilette… Les presses tournent, l'encre gicle, les bobines de papier défilent sur les tambours, la contrefaçon de PQ s'imprime de formules magiques : « Le Caissier général », « Le Contrôleur général ». Des chiffres se dessinent, des lettres aussi, comme au camp, tandis que des fesses roses apparaissent en filigrane, et le système s'améliore, s'étend ; on fabrique des monnaies par classes sociales, des papiers-toilettes de couleur avec des triangles dans chaque coin et pour point d'orgue des billets aux colorations diverses : noirs pour les prolos, verts pour les taulards, roses pour les homos, écossais pour les intellectuels.

Bref instant de détente et c'est ainsi que, expérience inédite, je me suis torché avec la monnaie nationale.

Retour dans la baraque au sol jonché de papiers laissés par les précédents locataires, les premiers évacués du ghetto de Lodz.

Les textes sont imprimés en yiddish, langue que je maîtrise, et je déchiffre, entre autres, un appel lancé par *Der Älteste der Juden in Litzmannstadt* (Le Doyen des Juifs de Lodz), titre bidon octroyé par les nazis au Juif collabo qui dirigeait le *Judenrat* (le Conseil juif formé par les SS), appel demandant aux Juifs du ghetto d'accueillir en frères, de recevoir en sœurs, les convertis au catholicisme enfermés à leur tour. Juifs pour les nazis, renégats pour les Juifs, largués par les catholiques, rejetés par tous, ils ont, jusqu'à leur extermination, traîné leurs misères, passant de paniques en douleurs, d'effroi en dénuement.

*

La baraque.

Nous avions échoué là, dans une salle d'attente d'un genre particulier, dans une gare jamais encore rencontrée. Voyageurs sans bagages, arrivés par un des rares convois de la déportation non transportés dans des voitures à bestiaux, mais dans un teuf-teuf fait de wagons-voyageurs de troisième classe, qui s'était traîné dans d'incessants allers et retours entre le Rhône et le Rhin, avant de filer vers le Reich.

Ce jour-là, la rame était bloquée dans les Vosges, à Vittel, avec, en attente d'expédition sur le quai, des montagnes de caisses bourrées de bouteilles étincelantes d'eau minérale dans le soleil d'août. Or nous crevions de soif : sanction des SS.

Thomas, un des garçons du convoi, avait réussi à sauter du wagon à la hauteur de Martigny-les-Bains et, par représailles, au lieu de fusiller en cas d'évasion, comme promis au départ, tous les occupants du compartiment du fuyard, nous avions été simplement privés de boisson pendant vingt-quatre heures. Il faisait une température infernale dans ces voitures aux vitres relevées et la météo battait des records de chaleur.

Nous étions, selon le sens de la marche, soit en tête soit en queue du convoi, précédés ou suivis seulement par un fourgon dont la porte, à contre-voie à cet instant, ne permettait pas à la sentinelle de garde de voir que le SS de service, un homme du SD[1], accablé par la chaleur, avait quitté son poste dans notre wagon.

Depuis un long moment, portière ouverte, assis par terre, les pieds posés sur la plus haute marche de la voiture, il regardait défiler le paysage vosgien. Il s'était levé, avait regagné sa place (le premier compartiment était occupé par un garde) et s'était endormi. Thomas, artiste peintre de son métier, n'avait pas raté l'occasion. Le train roulait au pas à cet instant. Du couloir, nous le vîmes sauter, rouler dans l'herbe, se relever, foncer vers la forêt qui longeait le rail.

A Vittel, après concertation, ses camarades prirent la décision qui les sauva d'une exécution certaine. Ils allèrent voir la sentinelle coupable d'abandon de poste et lui racontèrent qu'un de leurs camarades parti aux toilettes n'était pas revenu depuis un quart d'heure. En réalité, Thomas avait plus d'une heure et des kilomètres d'avance.

Alerte générale. Tous les passagers furent bouclés dans les compartiments, la fouille intégrale du train et de la gare ne donna rien. Pour les SS, Thomas ne pouvait pas s'être évadé AILLEURS qu'à Vittel car, dans le cas contraire, où était la sentinelle ?

1. *Sicherheitsdienst* : service de sécurité de la SS.

Le peintre ne fut pas repris[1], nous ne crevâmes finalement pas de soif : durant notre halte, nous fûmes ravitaillés par la Croix-Rouge qui nous fit don de quelques colis offerts par les Américains et les Anglais, internés dans les hôtels de Vittel comme ressortissants civils de nations ennemies de l'Allemagne. C'est là que j'ai fumé pour la première et dernière fois des Players qui figuraient dans le lot.

Elles furent les bienvenues. Le tabac jouait un rôle considérable dans la conservation du moral. Plus tard, au camp, il en a été de même.

A Lyon, j'avais pu écrire à mes parents et reçu d'eux un mandat pour me permettre de cantiner. Cet envoi a peut-être été le plus beau cadeau d'anniversaire dont j'aie jamais bénéficié puisqu'il est arrivé au greffe de la prison le 9 août alors que je suis né le 10. L'argent m'a été rendu par l'administration française avant que je quitte Saint-Paul définitivement et, par l'intermédiaire d'un copain, parfait germanophone, un des gardes (un Wehrmacht, pas un SS) a acheté pour nous, au noir, deux paquets de Gauloises. Nous en avons fumé durant quatre jours. Chaque cigarette circulant entre les neuf membres du club formé par les usagers du compartiment à huit passagers.

1. Il est mort récemment à Paris.

Neuf… pour huit places assises. Un rythme de rotation des places s'était instauré donc après maints palabres. Résultat ? Alternativement, l'un de nous s'allongeait sur le sol entre les pieds des autres.

A Vittel, le paquet de Players prit le relais mais il ne dura pas longtemps. Ce fut dans la même gare que, de corvée sur le quai, membre d'un groupe soigneusement encadré par les SS, je vis une fille me faire signe derrière le carreau d'une des fenêtres du train : Micheline. Une de mes amies connues à Roanne (ville où j'avais vécu quelques mois début 44), militante dans le même mouvement que moi. Elle aussi faisait partie maintenant des voyageurs du *Fantôme-Express*, comme l'avait baptisé un de ses pensionnaires. A se demander si quelqu'un arriverait à échapper à la nasse tendue sur toute la France.

Les repères ? Ce fut à Vittel que les cheminots de la gare nous apprirent le débarquement en Provence, le 15 août. Lyon-Vittel en quatre jours, record absolu de vitesse sur place.

La ligne Lyon-Auschwitz passait par Chalon, Dijon, Is-sur-Tille, Chaumont, Culmont-Chalindrey, Belfort, Mulhouse, Strasbourg, Rothau, Stuttgart, Nuremberg, Katowice…

On apprend en voyageant. A Varennes, à l'entrée de Chalon, les maquisards avaient fait sauter un petit pont.

Arrêt-buffet, long, très long, devant une immense plaque de pierre qui indiquait que c'est dans ce village que « Nicéphore Niepce inventa la photographie en … ». Et puis un champ qui longeait la voie ferrée et dont les gardes nous avaient permis de récupérer les betteraves.

A Dijon, les voies détruites avaient été suffisamment réparées pour que notre *Orient-Express* spécial puisse passer et filer vers Drancy, destination indiquée à la craie sur les parois des wagons.

C'est à Is qu'un des copains a dit :

– Nous n'allons pas à Paris, nous roulons vers l'est.

Transit à Culmont où je découvris les traces d'un bombardement allié sur ce nœud ferroviaire et vis des locomotives soulevées par le souffle des bombes entassées les unes sur les autres comme des jouets géants.

A la gare de Mulhouse, en miettes, un mécanicien, avec l'accord des gardes, nous passa un peu d'eau chaude tirée de sa loco pour décrasser nos gueules qui commençaient à perdre leur aspect humain. Pour moi, outre la faim et la soif, la saleté était une des pires plaies du voyage. Au camp, il n'y a pas eu une journée, une seule, sauf à l'hosto, où chaque matin, avant le réveil, avant la ruée, je ne me sois retrouvé seul au *Waschraum* (la salle d'eau du block) pour me laver à l'eau froide avec les moyens du bord. Sur le plan moral, rester propre représentait un atout formidable qui renforçait la résistance physique. Un des premiers signes qui indiquait la rupture d'équilibre, chez un déporté, n'était autre que l'arrêt des soins corporels.

Voyage…

Les chars alliés fonçaient vers Paris. Nous, nous roulions vers un pays jamais vu. Nous restions des heures, figés dans l'angoisse, coupés du monde, immobilisés dans des gares perdues, à attendre une loco qui finissait, hélas, toujours par arriver.

Une partie du convoi, comprenant entre autres les otages de Voiron, avait été larguée à Rothau, en Alsace, pour finir au camp du Struthof. Nous les avons enviés… ignorant ce qu'était le Struthof.

Quant à nous, nous avions passé le Rhin pour achever notre périple, le 22 août, sur la Rampe d'une gare qui n'avait pas de nom.

*

La baraque.

C'est là que les trois cent cinquante personnes du convoi (chiffre approximatif) ont réalisé leur voyage initiatique vers le monde SS. C'est là que nous avons appris où nous étions et la différence entre un camp de concentration et un camp d'extermination. Ce sont les anciens, les hommes et les femmes du Canada, qui ont enseigné à leurs élèves, incrédules, le mode d'emploi de la mort telle qu'on la pratiquait à Birkenau-Auschwitz.

Ce sont les membres de ce kommando hors normes qui nous ont conseillé de dire que nous étions des *Mischlinge*, des métis, des demi-Juifs.

Le résultat a été qu'une partie des membres du convoi lyonnais du 11 août porte une double immatriculation sur l'avant-bras gauche, des doubles numéros tatoués pour ceux qui ont pris ce risque. J'en suis. Avantage considérable à cette époque, un *Mischling* était dispensé de sélection.

L'événement du double matricule a été assez rare dans l'histoire de la déportation.

D'après ce que nous avons cru comprendre, les SS de Birkenau n'avaient pas reçu la paperasse administrative qui accompagnait chaque convoi à son arrivée. L'aspect exceptionnel du train avec ses wagons-voyageurs avait ajouté au retard de notre « réception » et repoussé notre entrée dans le sursis vital. Peut-être étions-nous des « personnes à ménager » ? Nul ne l'a jamais su avec certitude et c'est la seule explication que j'ai trouvée à notre séjour dans ce lieu situé à l'entrée des fours ; pas physiquement maltraités, mal nourris mais alimentés quand même, et les familles restant non séparées. Les SS attendaient un complément d'informations. Ce qui renforce mon idée tient dans le fait que tout a cessé lorsque sur l'intervention de O., pour ne pas dire sa dénonciation, les SS ont récupéré nos dossiers et que tout a basculé. O. était un garçon de notre convoi.

– Inventez-vous un parent *goï* [1], nous a dit un ancien. Catholique, protestant, orthodoxe, peu importe, mais chrétien.

– Qu'est-ce que ça change ?

– Rien pour les déportés de l'Est, puisque même les convertis passent à la chaudière, mais pour vous, ça peut marcher sans trop de risques. Vous venez de l'Ouest. Au pire… Ça ne changera rien. Il n'y a pas longtemps que le fait d'être demi-juif joue un rôle. Demain, le massacre peut recommencer comme avant mais, ici, chaque seconde a son importance.

Très vite, toute la baraque est au courant. Certains, affolés à l'idée du risque, refusent d'être autre chose que juifs. Les autres s'imaginent des familles moitié cassoulet, moitié *geffilte-fish* [2]. Un seul s'affirme catholique, O., le chien qui a parlé, ultérieurement, de nos dossiers aux nazis. Pour une raison simple : bien que juif, il avait réussi,

1. Pour un Juif, un *goï* est quelqu'un d'étranger au judaïsme.

2. La carpe farcie : plat traditionnel chez les Juifs de l'Est européen.

lors de son arrestation, à convaincre les flics qu'il était chrétien et son dossier comportait la mention « Aryen ». C'est lui-même qui s'en était vanté.

Plus tard, nous apprendrons, par les survivants de ce petit groupe retrouvés au camp central, ce qui s'est passé après notre incorporation. Ceux qui, par crainte ou par fidélité, avaient assumé leur judéité ont été sélectionnés. Une fois les vieux, les mères et les enfants cramés, les rescapés ont, eux, reçu des matricules dans la série B 10000.

Pour ma part, je n'ai pas de famille à inventer puisque je porte l'état civil d'une authentique famille béarnaise. Ma mère est censée s'appeler Jeanne Poque et mon père Auguste Souverbielle. J'ai seulement ajouté une grand-mère juive à mon arbre généalogique.

Résultat : lorsque l'heure est arrivée de passer de l'autre côté du miroir, j'ai reçu le matricule 193143. Ce n'est qu'une dizaine de jours plus tard, au camp central, que nous a été attribué le numéro *bis*, dans la série B 9000 et des poussières. O. a été le seul membre du convoi à ne porter qu'un numéro qui doit se situer, si ma mémoire est bonne, vers la fin des 192000.

Une histoire de *Mischling*. Celle d'un garçon de mon âge, prénommé Werner, que j'ai croisé sous le pyjama.

Ce jeune citoyen du Reich se battait dans la

Kriegsmarine, sur un *U-Boot.* Il faisait la guerre dans l'Atlantique à bord de son sous-marin. Un jour, un contrôle administratif de routine révèle qu'il compte un Juif parmi ses proches ancêtres. Catastrophe... Comment l'Allemagne pouvait-elle espérer gagner la guerre avec un marin juif à bord d'un de ses navires ?

Werner est un Allemand, enragé de son Allemagne, pas un nazi mais un combattant qui croit en son pays. Mais voilà, il y a la logique de l'Ordre noir, la cohérence noire. Werner est demi-juif, donc : Guerre ? *Verboten !* Tuer des Anglais ? *Verboten !* Couler des cargos ? *Verboten !* Toujours logiques, les SS l'ont privé de bateau. Plus d'Atlantique, pour Werner, fini les torpilles, adieu les naufrages, pas de coquillages pour entendre le bruit de la mer, *kein* poisson le vendredi, pas de crevettes roses, plus de souris grises[1], plus de sable chaud. *Raus,* Werner, *raus* de la Kriegsmarine ! Va, Werner, va jouer avec tes petits camarades juifs, là-bas au Lager. *Arbeite, Schweinehund ! Arbeit macht frei !*

Il faisait bande à part, se demandait, comme nous d'ailleurs, ce qu'il faisait là et a disparu un jour, sans préavis, parmi tant d'autres.

1. Surnom donné par les Parisiens aux auxiliaires féminines de l'armée allemande.

Neuf jours dans l'œil du cyclone, îlot de paix incongru dans le maelström qui emportait vers les chaudières les habitants de Lodz, virés de leur ghetto et qui, train après train, venaient terminer leur vie là. D'août 44 date la fin de la lente agonie du ghetto de la deuxième ville de Pologne. Et elle reste, pour moi, la chose la plus incroyable de toutes celles que j'ai vues durant ces mois, l'image de ces bambins qui, tenant leur mère par la main, s'en allaient vers cette allée de barbelés isolés par des couvertures balancées dessus pour faire écran, allée qui se terminait par un bâtiment surmonté d'une cheminée à section carrée à la base.

Cette brève période, en fait, ne peut plus se quantifier en durée de temps normal. Les trains de Lodz déversaient leurs cargaisons d'humains, les gardes bouclaient la baraque et nous assistions à la sélection en regardant à travers les interstices des planches.

Avec, pour ajouter à l'irréel du spectacle, la présence d'une ambulance verte marquée du sigle rassurant de la Croix-Rouge, à l'affût près du bâtiment de la désinfection. En fait, d'après les anciens, la voiture si paisible transportait les bocaux ou les bidons de « Zyklon B ».

J'ai eu l'occasion, après ma libération, lors de mon errance dans Cracovie, d'assister à une des premières expositions sur les camps et de découvrir, dans des bocaux de verre, les cristaux bleu-mauve du gaz mortel. Cette expo, intitulée « Le Christ à Majdanek[1] », comportait, entre autres, une série de tableaux réalisés par un Polonais chrétien, ex-bagnard lui aussi, dont le thème était le calvaire de Jésus situé à Majdanek et non dans la montée au Golgotha. Pour une fois, le Fils de Dieu n'était pas représenté selon l'iconographie classique dans la peinture religieuse, ce n'était pas un beau jeune homme aux yeux paisibles mais un *mousoulmane* avec les côtes saillantes, la silhouette déshumanisée et le même regard pathétique que les humains de trente-trois ans immolés par centaines de mille près de Lublin. Ce n'était plus un homme mais une flamme qui hurlait.

Il existe des toiles que l'on n'oublie jamais. *Le Christ à Majdanek* en fait partie pour moi à jamais.

*

1. Majdanek était un Auschwitz *bis* situé près de Lublin. A ma connaissance, deux convois français, partis de France en mars 1943, ont échoué là. Un garçon, qui fut un ami et que j'ai perdu de vue depuis des années, Albert C., a été pensionnaire de ce Lager qu'il m'a longuement décrit. Je crois qu'il fut le seul rescapé de ces deux convois.

Images de femmes au Lager…

Odette…

Une rencontre durant les neuf jours de Birkenau, l'éternité dans la baraque, cette zone indéfinie qui ne menait nulle part. C'est dans ce hangar que j'ai connu cette jeune femme.

Armée d'une louche, elle versait le « café » à la file de zombies étirée devant elle.

Elle travaillait au Canada. Hommes et femmes vivaient dans des camps séparés, mais dans ce kommando il semblait y avoir une certaine mixité dans le travail.

C'était une ancienne du camp, une Française du VIIIe arrondissement de Paris. Elle avait l'âge de ma sœur, dix-huit ans.

La mousse blonde sur son crâne, regain de ses cheveux tondus, transparaissait sous le foulard rouge qui la coiffait. Elle possédait un sourire tendre, qui faisait douter de la réalité qui nous entourait.

Je regardais cette fille, débarquée là comme un météore inconnu, comme si les femmes ne devaient pas avoir accès à cette planète de braises. Elle survivait à Birkenau, et c'était le seul être de la baraque à conserver un aspect humain avec cette jupe et cette veste rayées, ce visage poudré de quelques taches de rousseur, comme du soleil filtré posé sur des pommettes hautes, juste sous les yeux très pâles. Alors que les voyageurs du train fantôme avaient maintenant les visages nivelés, devenus identiques par l'érosion de la fatigue, de la famine, de la crasse, de la peur, des gueules ravagées par l'angoisse, qui commençaient à ne plus être décryptables, elle, Odette, je pouvais encore la décrire, parler des taches de son sur la peau, de l'éclair du regard.

J'ai été éperdument amoureux d'elle durant les quelques heures, réparties sur neuf jours, où nous nous sommes croisés. Comme dans tout amour, le temps n'existait plus mais il était là remplacé par la certitude de l'éphémère. Tous nos sentiments étaient décuplés par l'impression que tout pouvait s'arrêter à chaque seconde, que l'intervention d'un SS pouvait envoyer l'un ou l'autre, ou les deux, à une mort immédiate. C'est peut-être cela l'amour véritable, un vécu intense dans la perception d'une disparition imminente.

J'ai vécu ma rencontre avec Odette comme une histoire d'amour unique, sans aucun contact physique, l'histoire qui ne peut pas exister, aventure irréelle rêvée par des fantômes.

Dans ce lieu cerné par les flammes (c'était l'époque où les crématoires ne suffisant plus, des corps étaient cramés dans des fosses en plein air), dans cet univers que nous n'arrivions pas à accepter parce qu'il était inacceptable, elle était, avec son sourire, son regard bienveillant, sa langue que je comprenais, tout ce qu'un homme pouvait espérer, la tendresse, l'amour, la vie. Tout ce que seule une femme peut offrir. Elle était une femme. C'est tout.

Nous nous sommes regardés… envahi, quant à moi, par une chaleur amicale, comme si nous reprenions soudain un dialogue commencé ailleurs, dans une autre vie, à un milliard d'années-lumière.

Elle a versé le café dans ma gamelle et posé la question rituelle.

– D'où es-tu ?

Est venu l'échange des prénoms, comme un cadeau. Elle n'est qu'un numéro et moi je ne suis qu'en transit entre ma vie passée et ma mort, peut-être imminente.

– Je m'appelle Odette.

– Et moi, Joseph. Mes amis m'appellent Jo.

Bavardages. La France, telle que je l'ai laissée derrière moi. Je lui raconte *L'Éternel Retour*, le dernier film que j'ai vu avant d'être arrêté. Elle m'écoute.

Nous avons vécu, côte à côte, partagé une joie indicible lorsqu'un ancien nous a dit que Paris était libéré.

Nous nous sommes revus presque chaque jour, durant quelques minutes, jusqu'à l'instant de la séparation, échangeant quelques mots, nous offrant mutuellement une tendresse qui ne se traduisait que par les paroles insignifiantes du quotidien, avec toujours, l'un ou l'autre posant une question stupide : « Ça va ? »

Ce jour-là…

Elle est arrivée à l'improviste, seule.

– Salut ! Je t'ai apporté du café.

Odette m'a tendu un gobelet rempli du liquide noir habituel.

– Bois vite, je ne peux pas rester là.

La boisson est à peine tiède, mais le goût sucré en fait une offrande unique.

Et foudre accumulée depuis des jours, le tonnerre caché dans les planches, l'orage qui couvait chez chacun, la peur refoulée, l'angoisse mal maîtrisée, les vagues de la mer lorsqu'elles cassent leurs amarres, les vents d'hiver lorsqu'ils sortent du Pôle, les amours des parents et des enfants menacés, la tendresse des couples, la haine et l'idiotie, le courage et la folie, tout a explosé, tout a jailli des tonneaux débondés. L'Océan a vidé ses eaux comme des milliards de seaux géants se déversant d'un même jet, la montagne a balancé ses moraines et ses glaciers comme un gamin furieux qui brise ce qu'il possède, la terre s'est fendue exhibant ses entrailles de feu, les raz de marée ont hissé leurs tempêtes, les torrents ont quitté leurs conduites forcées pour s'écrouler là, dans un commandement sec formulé par un SS.

– Les hommes, rassemblement ! Tous les hommes, les hommes seulement !

Une équipe de gardes s'est encastrée dans l'ouverture de la porte, et les premiers hommes, les célibataires, les isolés, ont franchi le seuil.

A l'arrière-plan, dans la pénombre des planches, les couples se quittent, s'arrachent l'un à l'autre, les enfants restent près de leurs mères.

Un SS fait son entrée dans la baraque. Le lent goutte-à-goutte des hommes coule vers la sortie. Happé par le courant, je suis.

Le nazi fait un pas, aperçoit Odette.

– Qu'est-ce que tu fais ici ?

Au garde-à-vous, la jeune fille explique.

Le flot s'est arrêté. Les hommes, immobiles, regardent.

– Tu n'as rien à faire là.

La main est partie à la volée. Une gifle. Retour du pendule. Une gifle. La paume. Le dos de la main. Le quart d'aluminium vole dans l'espace. Odette vacille. Les autres regardent. La main repart. Bruit, gifle, dos, paume, bruit, gifle, sanglot, commandement, mouvement. Les hommes sortent, tous.

– *Zu fünft,* par cinq, *los, schnell, los !*

Et la colonne marche vers une longue table garnie de paperasses où nous attend une équipe de tatoueurs.

Je n'ai jamais revu Odette.

Micheline…

Nous nous étions connus à Roanne, début 44.

Depuis novembre 43, la répression milicienne, doriotiste et gestapiste avait transformé Grenoble, où je vivais, en enfer. Durant des semaines, les différents mouvements en lutte contre les nazis ont dû se mettre en sommeil. La ville vivait en état de siège.

A l'époque, je militais à l'Union de la Jeunesse juive, dans le mouvement créé par Annie Kriegel, passage obligatoire pour les Jeunesses communistes et, ensuite, les « sportifs », mot de code pour désigner les Francs-tireurs et Partisans – les FTP –, pour ceux qui avaient la capacité d'arriver à ce niveau. Ça n'a pas été mon cas.

Nous étions organisés en cellules triangulaires et personne ne connaissait plus de deux autres membres du groupe de base. En tant que responsable de secteur, je m'occupais de trois sections, soit trois groupes de neuf.

Avec deux copains, P. et M., coupés de tout autre contact, tous les liens étant rompus, nous décidâmes donc de quitter Grenoble pour Roanne. Et début janvier nous avons débarqué dans ce qui reste dans ma mémoire comme une des villes les moins gaies de France.

Micheline. Une relation militante, amicale et tendre, nous a unis pendant les semaines qui ont précédé mon nouvel exode. Je travaillais dans une teinturerie industrielle et j'ai reçu l'ordre de partir en Allemagne au titre du travail obligatoire, le célèbre STO. Il n'en était évidemment pas question.

Puis le groupe de copains a éclaté. P. a rejoint les FTP et s'est rendu à Lyon. M. a continué son travail dans une usine S. Betrieb[1] à Roanne, donc exonération de boulot en Bochie. Pour ma part, je suis retourné à Grenoble, car ce n'est que là qu'il me restait une attache familiale connue, les autres vivant sous de fausses identités dans des lieux que j'ignorais. Une famille type de l'époque, personne ne sachant où les autres se cachaient.

Micheline a quitté Roanne, est devenue courrier pour un groupe de résistants et, arrêtée, s'est retrouvée dans le *Fantôme-Express* à destination d'Auschwitz. C'est lors de la halte de Vittel, je l'ai dit, que nous nous sommes revus.

Une nuit, allongé sur le sol de la baraque, la tête dans la poussière, je somnole.

Une main me secoue. J'ouvre les yeux. C'est Micheline.

1. Pour lutter contre le refus de partir au STO, Albert Speer, le responsable de la production industrielle nazie, avait eu l'idée de mobiliser les travailleurs sur place, dans leur pays, dans des usines classées « S. Betrieb ». S... pour Speer, *Betrieb* signifiant entreprise.

– Tiens.

Et elle me tend une tartine de pain couverte de margarine. Jamais dégusté un délice pareil. Je n'ai jamais su, non plus, où elle l'avait déniché. Ce « casse-croûte » est resté gravé dans ma mémoire. Il faut dire que depuis que la Croix-Rouge allemande nous avait fourni, quarante-huit heures avant, une gamelle de nourriture sur le quai de la gare de Nuremberg, nous n'avions rien mangé jusqu'à la soupe « offerte » par le Canada. La vraie faim commençait à pointer son nez.

Plus tard, Micheline est partie en transport [1], a échoué à Bergen-Belsen.

Sa libération, apprise à mon retour, s'est déroulée d'une façon peu ordinaire.

Détachée, avec d'autres filles du « pyjama », dans une usine d'aviation, elle travaillait avec des STO français mais n'avait pas le droit de leur parler. A moins de les isoler dans un cul-de-basse-fosse, je crois que jamais on n'empêchera des taulards de communiquer et ils arrivaient à échanger des informations importantes malgré la chape SS.

Un jour, les Français lui apprennent que la libération est proche et que les déportés vont être évacués.

1 Partir en transport signifiait être embarqué dans un nouveau voyage pour un nouveau camp et un nouvel univers inconnu.

Dans ce kommando, la mortalité très élevée obligeait à sortir les cadavres dans une caisse, sorte de cercueil sans couvercle. Un des STO a eu l'idée de proposer à Micheline de mimer sa mort et de la sortir de l'usine au moment de l'évacuation. Ce qui fut fait. Le problème était que le précédent voyageur qui avait emprunté ce moyen de locomotion avant Micheline était, lui, réellement mort. Du typhus.

Micheline est libérée.

Résultat : atteinte du typhus, elle est rentrée mourante en France. Mais la mort n'a pas voulu d'elle et elle est aujourd'hui plusieurs fois arrière-grand-mère.

D'autres filles ? Perla… une image fugace aujourd'hui, Perla qui arborait un insigne de la Croix-Rouge sur son corsage, tel un minuscule bouclier, comme si une croix, ou tout autre symbole, de n'importe quelle couleur fût-il, pouvait protéger son porteur. Édith, la militante, qui m'a appris, dans le train, *Le Chant des Marais*…

....

Bruit des pas et bruit des armes,
Sentinelles, jours et nuits
Du sang, des cris et des larmes,
La mort pour celui qui fuit,
Ô, terre de détresse…

....

Des militantes pures et dures mais qui restaient des femmes.

Rester une femme au Lager ?

Comme Odette m'en a parlé, comme Micheline me l'a confirmé bien plus tard.

Rester une femme… lorsque tout s'écroule, lorsque le corps, la culture, la beauté, les souvenirs sont en miettes sur le sol.

Essayer quand même. Les journées défilent dans un magma de peurs, d'images du temps de paix, avant qu'on ne se retrouve devant un choix impossible : être un cadavre ou devenir un cadavre. Ne jamais oublier ce qu'on a été et savoir où on est, sinon… Ne pas effacer l'arrivée, l'entrée en terreur, les compagnes disparues, la mort omniprésente lâchée en liberté entre les barbelés, la fièvre obsidionale, la puanteur du *coya*[1] où l'on « dort » enchevêtrées à dix ou quinze dans les effluves de sueur, de crasse, de maladies et de rage refoulée.

Ne rien oublier… pour rester une femme. Ni le bruit des claquettes de bois dans la boue, les *Schlappen*, ni les haillons, au point d'envier la tenue rayée des anciennes, ni la sotte fureur des *Blockowa* (les femelles déguisées en chefs de block), ni la hargne des *Stubowa* (les auxiliaires

1. Planches de bois servant de lits.

déportées, « ménagères » de la patronne du block), ni la cruauté des femmes SS. Ne pas oublier la tonte…

… Assise, nue, tête penchée en avant. Et l'autre qui pointe la tondeuse. Ça crisse le poil coupé, c'est comme ça qu'il pleure le cheveu. On écoute le bruit de l'acier, le claquement affamé des dents de l'outil, on frissonne au froid du métal sur la peau avec ces cheveux coupés qui ne tombent pas tout de suite, qui semblent s'attarder sur le crâne en boule compacte, un ballon rond fait de fibres vivantes qui traîne sur la tête en sphère de feu, encore une minute, monsieur le bourreau ! Oublier ? Ce bruit et la sensation de peau labourée doucement, tout doucement. Et l'autre, le tondeur, pousse de la main la masse de cheveux qui file en avant, une avalanche d'or, une coulée de neige dans du cuivre en fusion, un rocher de cheveux blonds filant vers le sol. Il fait froid, soudain, et l'on regarde impassible sans comprendre que c'est sa propre chevelure qui reste là éparpillée sur le sol. C'est en voyant sa voisine que l'on comprend, la compagne de cellule que, durant une seconde, on ne reconnaît pas, pas plus qu'on ne s'identifie dans le regard de l'autre. C'est ainsi que commence la destruction, par une tonte où l'être civilisé, avec nom, prénoms, qualité, vient expirer dans l'œil de son semblable.

La suite…

… Allongée sur la table, jambes ouvertes… et le bruit de la tondeuse qui claque de nouveau. Mais ce n'est plus qu'un pubis fantôme de femme fantôme que tond le coiffeur.

Rester une femme…

Lorsque les chevilles s'ornent d'œdèmes, quand les règles disparaissent à dix-sept ans, lorsque le désir s'éteint alors que le rêve se fixe sur un croûton de pain, et pourtant… les soirs fous où l'on essaie de se fabriquer un soutien-gorge avec deux carrés d'étoffe volée, ces éclats de rire quand on compare ses seins avec ceux de ses amies, et la mise en commun d'une ration de margarine pour faire un masque de beauté. Qui en a eu l'idée ? Qui a dit ?

– Avec ce climat, notre peau sera vite fanée.

Et, le soir même, l'idée germe, grandit, gagne. Elles sont quatre, chacune participe sur sa vie en donnant une partie de la margarine-vie. Est-ce Macha, la Polonaise ? Margot, la Lilloise ? Peut-être Jeanne, la Parisienne ? Ou encore, Frida, la Berlinoise, qui a pris l'initiative ?

Une des filles se proclame compétente :

– J'ouvre un institut de beauté, qu'on se le dise.

Deux doigts, bouffis par la pelle et la pioche, saisissent une noisette de margarine. La crème blanche s'étale sur la peau, du front au menton, laissant un sillage de soie brillante sur son passage.

Les autres regardent, certaines rient, tandis que les silencieuses comprennent le combat. A tour de rôle, les quatre jeunes femmes se sont ointes du saint chrême. Souriantes sous l'onction qui leur donne la grâce, elles se regardent, s'admirent, s'étonnent de leur audace. Elles ont gagné le droit de continuer la partie et elles persistent… Rester une femme.

– Mais je suis une femme, m'a dit Odette.

Un soir, Macha les avait réunies. Mystères… Et la confidence à voix basse.

– J'ai du rouge à lèvres.

Les autres, incrédules, l'assaillent de questions.

Macha sort de sa poche un carré de papier, le déploie, offre au regard un immense rubis. En fait, le trésor consiste en un minuscule morceau de brique pilée, une poudre rosâtre faite de la glaise dont sont construits les blocks en dur.

La baraque s'est enfuie, le camp a disparu. Les *coya* sont devenus d'immenses fauteuils club, des gouffres de cuir blanc où l'on s'enfonce. Tout le mobilier primaire se métamorphose en une masse de divans qui maternent les corps épuisés, en hamacs qui bercent dans un gigantesque et blanc institut de beauté.

Rester une femme ? Lorsqu'on perd son reflet ? Lorsque s'effrite le corps ? Lorsque fondent les muscles ? Lorsque s'enfuit le visage ? A moi ! De l'aide ! Cosmétique ? Présent ! Le rouge brique est à la mode. Toutes en rouge brique ! Masques de beauté ? Présents ! Vive la margarine ! Squelettes... A vos soins ! A vos beautés ! Prêtes !

J'avais un jour essayé de changer de travail et un garçon m'avait vanté le kommando chargé de brûler les ordures du Lager, le *Müllfahrer*, me signalant au passage qu'on y dénichait de la nourriture. Naïf... Que pouvait-on bien trouver dans les poubelles d'Auschwitz ?

Et me voilà parti ! Rien vu de plus étonnant que ce champ d'épandage, ces alignements de fumerolles jaillies des déchets irrécupérables que l'on grillait là, sa pourriture, ses odeurs, son absence totale de récupération possible. L'enfer religieux doit avoir un tel décor, un immense terrain brumeux où flambent les rejets puants de l'humanité. Heureusement, je n'y suis resté qu'un jour et j'ai pu retrouver mon merveilleux travail de terrassier de choc.

Mais ce matin-là, à une centaine de mètres, séparé de nous par la chaîne des *Posten*, travaillait un groupe de femmes. La vie au camp n'incitait pas à l'attendrissement. Se poser des questions sans réponses, s'apitoyer sur son sort vous ouvrait une trappe sous les pieds dont on ne sortait que mort. Les intellectuels ont excellé à ce jeu morbide. On n'interroge pas lorsqu'il n'y a pas de *pourquoi* possible. Et pourtant, ce jour-là, lorsque j'ai vu ce groupe de silhouettes informes, ces filles en haillons matraquées par les femmes kapos, lorsque j'ai vu ma mère, ma sœur, lorsque les autres ont vu, eux aussi, leurs mères et leurs sœurs se traîner dans la boue, statues caricaturales de l'espèce humaine, tous nous avons eu un moment de faiblesse.

Rarement, dans mon existence, j'ai eu pitié de quelqu'un comme durant ce bref laps de temps. Les femmes… Les femmes qui n'abandonnaient jamais leurs petits et mouraient avec eux. Les femmes… et leur irremplaçable chaleur. Odette, Micheline, Édith et toutes les autres…

*

Block 19. Janvier 45.

La *Durchfallstation* vit à son rythme, sélections en moins. Chaque jour on évacue les morts, chaque jour de nouveaux admissibles à la chiasse mortelle occupent les lits libérés. Dehors, tout est blanc. La neige couvre les toits, bouche les trous dans la chaussée. Après la tombée des flocons, tout devient encore plus mélancolique mais la lumière apportée par cette blancheur fait du bien.

Le malheur individuel banalisé reste un malheur mais différemment ressenti. Nous ne sommes plus, dans cet hôpital, que des atomes isolés au milieu d'une catastrophe générale et, bien que partie intégrante du désastre, nous ne le percevons plus d'une façon globale, mais à la façon d'un combattant seul sous un bombardement. Tout s'écroule autour de lui, mais les plans stratégiques de l'état-major ne le concernent pas. Pour lui, ne compte que l'instant qui lui reste à vivre : durer, voilà la question, l'unique. Nous ne sommes plus dans cette salle immense que des membres d'un ghetto d'un type nouveau, un lieu clos dans un camp nazi. Ce qui se passe à l'extérieur nous intéresse, évidemment, mais le premier problème est de rester là, au chaud.

Pendant la pause, le massacre continue, la guerre aussi. Nous ne savons pas encore qu'elle va nous rattraper.

Pour un pensionnaire du Lager, la guerre reste une belle chose. Bien sûr, on s'y étripe, on y meurt dans la merde comme partout où l'on s'entre-tue, évidemment la sauvagerie refait son apparition au « champ d'honneur », sans aucun doute le cerveau archaïque y reprend le dessus, mais entre les combats, dans les moments de répit que cette charogne laisse aux hommes, on vit. De plus, les « lois de la guerre » existent. Il y a du moins des conventions signées à froid entre nations, la convention de Genève, le rôle de la Croix-Rouge aussi ! Selon ces accords, on n'y tue pas les blessés. Alors qu'ici… ce sont les vivants qu'on achève. C'est le pays du non-droit, du sans dieu, du sans âme, du sans pitié. Le pays du rien ! Il n'y a pas de « merci » à Auschwitz. Quant à la Croix-Rouge si rassurante, il paraît qu'elle est passée une fois au camp. Quelqu'un a dû lui parler de cet endroit bizarre. Oui, que la guerre est belle, vue du Lager.

Je rêvasse. Rien d'autre à faire. Le temps se délite.

Au Lager, le temps a perdu ses références habituelles de travail, ses balises de douceur, ses points fixes faits d'amis, de visages, d'obligations, de rencontres. Disparue, aussi, sa chronologie guerrière qui dure depuis cinq ans.

Dunkerque… Stalingrad… la Libération en France… Qu'est-ce que ça signifie pour l'homme happé dans une sélection ? Il vit. Mais tout est fini. Son temps est terminé. Dans deux heures, il quittera le camp par la cheminée.

Un jour à Paris… Un jour au camp… Où est l'unité commune qui sert à quantifier le temps lorsque, poussé au paroxysme, il devient le temps cataclysmique ? Une heure avec une femme. Une heure avec Odette. Une heure à regarder crever ses semblables, en fait une heure à se regarder crever, seul, on claque toujours seul. La tendresse a changé de dimension. C'est son négatif qui domine : la haine. Et elle est partout, s'insinue en vous, dévore votre logique, votre regard, votre espace temporel.

Et pourtant, pour tenir, il ne faut jamais faire abstraction du temps, ne pas oublier les jours.

Se souvenir… A tout prix… Se souvenir de soi et des autres, surtout des autres si l'on veut rester soi, même si l'émotion a changé de goût et baigne dans le déni, dans la détestation de l'autre, dans l'envie de voir mourir la hiérarchie du camp, dans la rage à l'égard du copain qui vous bouscule sans ménagement lorsque la soupe arrive, dans la haine de soi parce qu'on se dégrade davantage à chaque heure qui passe. Quel condamné à mort n'a pas rêvé de voir mourir la mort ?

Le temps… Ailleurs, c'est une journée ordinaire qui commence, un jour où la guerre grogne et cogne sur tous les continents. Ici, c'est une banale journée dont il faut se souvenir pour ne pas oublier les références du dehors, ne pas effacer la vie, ne pas annuler l'enseignement des ancêtres, sans vie pas d'éthique, sans morale pas de loi, sans loi c'est l'oubli qui gagne et l'oubli triomphant c'est la victoire de l'Ordre noir.

Je suis là, affalé sur ce lit, et je me souviens de ma famille, de mes passions, de mes dégoûts. Je n'oublierai pas la baraque, cette vieille femme solitaire qui priait dans un coin, ces deux bambins rieurs qui n'ont jamais connu la suite de leur histoire, ces amants qui s'aimaient une dernière fois dans la nuit de ce hangar du bout du monde, de leur passion calcinée, ces compagnons provisoires que la peur a brisés, ces hommes déjà morts et qui bougeaient encore, ces hommes « nés » ici à leur vraie vie d'hommes, ces gens pieux qui ont perdu la foi, ces impies qui dénichaient enfin Dieu, cette baraque pourrie, énorme utérus de bois qui ne donnait naissance qu'à des corps déjà décomposés. Et Odette… Faut-il que je l'oublie ? Cette fille qui reste une ponctuation lumineuse dans mon cauchemar éveillé, faut-il que je l'efface ? Suis-je son reflet ? Était-elle le mien ? Était-ce elle ou moi que j'aimais dans son sourire ? C'est ça, l'amour ? L'amour, comme l'espoir, n'appartient qu'à ceux qui croient en lui, l'amour c'est nous, Odette, Micheline, Édith, moi et toute la baraque, lancés dans l'espace, volant dans le temps comme des oiseaux de braise, projetés dans l'univers tels des éphémères brûlants, ces insectes minuscules qui vivent l'éternité l'espace d'une journée. Oui, avant que le temps ne crève mon regard, il faut que je me souvienne, que je demeure la mémoire des morts, la tendresse tuée des cadavres, leur chaleur, leur vision, les rêves brisés des petits, de ces bambins au regard de centenaires, l'expérience piétinée des anciens, le savoir inutile des sages, il faut que je me souvienne qu'au Lager la vie a perdu l'espérance. Me souvenir, oui…

De ma première gifle, aussi…

Il me fallait un peu d'eau pour une femme qui m'avait supplié de lui en trouver pour nettoyer son bébé. Elle m'avait tendu, pour cela, une petite boîte en métal qu'elle avait sauvegardée, une de ces minuscules bonbonnières que nombre de gamins ont possédées pour conserver leurs sucreries ou leurs bons points.

Pas de poste d'eau dans la baraque. Un ancien me dit qu'il y en a dans le bâtiment de la désinfection, sans me préciser que c'est par là que nous entrerons au Lager, si… Personne ne me précise non plus que nous sommes dans la zone de mort du camp et qu'il n'est pas question d'aller au-delà de la baraque des chiottes.

Imbécile, comme tout nouveau balancé dans un monde qu'il n'appréhende pas, je me dirige vers la bâtisse de briques ; pas un chat aux alentours. Une période de calme plat dans l'incessant va-et-vient qui roule les humains autour de nous.

Bâtiment de la désinfection. Personne. Je suis dans une salle où sont alignés des robinets sur des éviers, comme dans n'importe quelle salle d'eau.

J'ouvre un robinet, fais couler quelques centilitres d'un liquide jaunâtre dans mon minuscule récipient et…

La gifle m'a pris à droite, de plein fouet. La boîte de métal vole à travers la pièce en laissant l'eau filer. Un hurlement m'assourdit, en allemand bien sûr :

– Mais qu'est-ce que tu fais là ? Qui t'a permis d'entrer ici ?

C'est un détenu qui m'engueule ainsi et qui me désigne la porte du doigt.

– Vite, fous le camp !

Je n'ai pas demandé mon reste et suis revenu, penaud, vers la femme au bébé. Maurice, mon copain du patronage parisien, m'a regardé comme si j'étais fou lorsque je lui ai raconté l'épisode de l'eau.

– Tu t'en es bien tiré. Tu tombais sur un SS…

Ma première gifle à Birkenau. J'en ai reçu d'autres des coups, entre autres un coup de martinet en pleine gueule, délivré par Kadouk, bête fauve en uniforme, le *Rapportführer* du Lager, le SS chargé de l'appel. Mais c'est une autre histoire, celle des sévices au quotidien.

*

Et retour au réel. La voix du docteur Pollack ?

– *Herr Souverbil…*

Surprise du jour. Un nouveau malade arrive dans notre salle et je le connais de France, de Pau où l'exode m'avait largué en 40. Il a mon âge et porte le même prénom que moi, Jo. Mais pour tous ceux qui l'ont connu en 41-42, il était « le Bouddhiste ».

Dans le groupe de jeunes Parisiens réfugiés au pays du roi Henri, personne n'avait la moindre idée de la doctrine professée par le Bouddha, mais nous étions tous subjugués par ce garçon, très sûr de lui, qui sortait des théories qu'aucun de nous ne pouvait contester, ce qui lui valait un énorme prestige auprès des filles du groupe.

Cet homme, je le haïssais. Pour une raison simple : il m'avait vendu, je dis bien vendu, ma première fausse carte d'identité.

En application des lois de Vichy, ma famille était en résidence forcée à Nay, une adorable bourgade plantée au bord du gave, à mi-chemin entre Lourdes et Pau.

Pour ma part, j'avais été embrigadé dans une compagnie de travailleurs étrangers, mais comme j'ai trouvé un emploi d'apprenti ébéniste chez les Souverbielle, j'ai été « détaché » chez eux.

Fin décembre 42. Je reçois une convocation pour me présenter au camp d'internement de Gurs. A cette époque, seul un débile peut obéir à pareille demande. Gurs signifie transport vers Drancy et Drancy un départ pour une destination inconnue.

Il est évident que je ne peux filer sous mon véritable état civil. Mon père apprend qu'on trouve des faux papiers à Pau, se renseigne, tombe sur le Bouddhiste qu'il connaît, paye très cher un document bidon et me ramène une carte d'identité en blanc, avec la photo, que j'avais fournie, revêtue de son sésame, un tampon d'une mairie de la zone occupée. Cette carte était si mal faite que lorsque je l'ai exhibée pour la première fois devant un hôtelier de Saint-Martin-d'Hères, dans la banlieue de Grenoble, cet homme m'a dit :

– A ta place, mon gars, j'éviterais de montrer « ça ». Tu risques des problèmes.

Cet homme se trompait. Je ne risquais pas de problèmes, j'étais en plein dedans.

Aujourd'hui, tout ceci paraît inconcevable, mais c'est à cette époque, fin 42, que l'industrie des faux documents va prendre un essor fantastique en France, aidée par le fait que dans nombre de villes les mairies détruites ont perdu leurs archives d'état civil et que le découpage du pays en diverses zones ne facilite pas le travail de l'administration et entrave les recoupements.

Des cartes d'identité, il en existe de diverses sources : certaines sont délivrées par les préfectures, d'autres par les commissariats de police. Mais le système le plus simple consiste à acheter, le plus légalement du monde, chez un papetier, une carte d'identité en blanc. On la remplit, et on se pointe à la mairie de son domicile avec un bulletin de naissance, deux photos, un certificat de domicile, et le tour est joué lorsque le fonctionnaire de service a apposé son tampon sur la photo.

Simple et parfait, lorsque vous avez le bulletin de naissance. Ce qui n'est évidemment pas le cas du candidat à la fausse carte.

C'est à Grenoble, avec le bulletin de naissance fourni par mon ex-patron, que je vais devenir définitivement Jules Joseph Souverbielle en me faisant établir une vraie carte avec une identité fausse. C'est l'époque des fausses cartes et des identités bidon, des vrais papiers avec des noms d'emprunt, on trouve de tout sur le marché, toutes les combinaisons étant possibles. Quelqu'un de ma famille, en 43, avec le même bulletin de naissance, s'est appelé successivement Bru, puis Brunet, puis Brunetti. Idem avec Bayle, Baylerin, etc.

Nettoyer, au Corrector, un acte d'état civil finissait par être un jeu d'enfant. Précision technique : si vous « lavez » un document, faites-le en entier, sinon apparaissent des taches jaunâtres sur les endroits effacés.

En 43, les mouvements de Résistance, à Grenoble, vont distribuer par paquets cartes d'identité, livrets de famille, cartes d'associations diverses pour renforcer la présomption d'authenticité des papiers présentés lors des contrôles incessants de l'Occupation. Bien sûr, gratuitement. Sans compter les secrétaires de mairie résistants qui vont encore accentuer l'immense bordel des vrais-vrais, vrais-faux, faux-vrais documents en circulation.

*

Il fait nuit sur la Méditerranée. Le *Bergensfjord* a changé de cap, nous montons plus au nord.

Une lueur rouge, une flamme incandescente, intrigue tous les passagers accoudés au bastingage. Une torche géante brûle sur les flots. Je me sens mal à l'aise, les lueurs des fosses de Birkenau ne sont pas oubliées. Ces lueurs fauves que l'on voyait de « la baraque » et qui n'étaient que des tranchées d'appoint lorsque les crématoires arrivaient à saturation.

– Le Stromboli, dit une voix. Une des îles Éoliennes, nous sommes au sud de Naples.

Il fait très doux. Je m'allonge sur le pont, regarde les étoiles dans cette nuit paisible.

Et je revois « le Bouddhiste » allongé sur la couchette du bas dans la rangée de lits qui fait face à la mienne.

Très vite, il va se remettre de sa crise intestinale et, un soir, avec une réserve de cigarettes qu'il a pu se constituer dans son kommando, il achète une gamelle de soupe par l'intermédiaire d'un copain de l'extérieur et m'invite à la partager avec lui. Les planqués ainsi que certains privilégiés, non-Juifs, déportés qui recevaient des colis, ne mangeaient pas la soupe et la revendaient.

J'ai cru rêver. Partager sa soupe ? Ici ? Même saint Martin n'aurait pas offert un morceau de son manteau. Et c'était un saint... Mais les saints, en enfer, redeviennent des hommes comme les autres. Il est vrai que Jo était bouddhiste...

Cuiller après cuiller, une pour Jo le Bouddhiste, une pour Jo Souverbil, nous avons partagé la gamelle. Et l'offrande, le don de cette nourriture, a duré quotidiennement jusqu'au 16 janvier. Le lendemain, les kommandos ne sont pas sortis et la pagaille de l'exode a commencé. Ma séparation avec le Bouddhiste date du 18 janvier.

C'est à partir de cette date, inoubliable pour moi, que le destin va prendre les choses en main. Toutes mes décisions rationnelles seront contredites par une main invisible que je ne contrôle pas. Une sorte de fatigue mentale a entraîné chez moi un laxisme inhabituel, un laisser-faire qui m'a sauvé la vie. Le Lager m'a appris que, dans l'existence, je ne pouvais compter que sur moi. C'est une leçon qui ne s'est jamais effacée. Durant les années qui se sont écoulées après le « retour à une vie normale », j'ai connu quelques désastres personnels. Je m'en suis toujours sorti seul. Et là, dans le dernier acte de ma vie concentrationnaire, j'ai laissé faire… Ça a débuté avec le docteur K. et le Bouddhiste.

La nature humaine… Lorsqu'il m'avait vendu cette fausse carte, ma peau était en jeu. Maintenant, il accentuait sa propre déchéance physique en partageant avec moi une nourriture vitale. Et j'ai découvert un garçon que le camp avait révélé à lui-même.

Je l'ai interrogé sur son trafic de faux papiers.

– Que veux-tu, je n'avais plus de ressources, plus rien. Fallait bien que je mange.

Lorsque les rumeurs d'évacuation se sont concrétisées, nous avons tous les deux décidé de quitter l'hôpital. Nous savions très bien ce qui se passait lorsque les nazis abandonnaient un Lager. Exécution sur place de ceux qui restaient et destruction des bâtiments à l'explosif ou au lance-flammes.

Le 18 janvier, au matin, en pleine tourmente, ensemble, nous sommes allés voir le médecin.

– Toubib, on ne veut pas rester là. Laisse-nous quitter l'hosto. Il nous faut des fringues.

K. nous a longuement dévisagés et a dit au Bouddhiste :

– D'accord, toi, tu sors.

Je l'interpelle.

– Et moi ?

– Tu restes ici. Dans l'état où tu es, tu ne feras pas deux kilomètres sur la route. Quand tu commenceras à vaciller sur tes jambes, ils te flanqueront une balle dans la tête.

J'ai protesté, tempêté et, impuissant à agir, me suis recouché dans un état de fureur et de frustration insupportable. J'éprouvais pour K. une haine meurtrière, ce chien condamnait à mort un cadavre. Alors que partir… C'est dans la nuit du 17 au 18 que les premiers kommandos ont pris la route de l'ouest.

Revêtu d'un nouvel uniforme, Jo a changé d'allure. Je l'accompagne jusqu'à la porte. Je suis en chemise, cul nul, misérable parmi les misérables.

Dehors, c'est un désordre inouï, inimaginable il y a encore deux jours. Tout le Lager est en ébullition. La machine SS est déréglée. Les rues, vues du block, sont noires de monde, avec toujours les mêmes commandements hurlés, la même incrédulité dans les regards lorsque les coups de *gummi* commencent à pleuvoir.

Je m'adresse à Jo.

– File jusqu'au magasin, c'est le chaos dehors, et ramène-moi des vêtements. Ça ne doit pas être difficile à trouver. Il n'est pas question que je reste ici. L'organisation clandestine demande à tous les valides de partir.

– Je vais essayer.

Le temps passe, Jo revient.

– Impossible d'arriver jusqu'au magasin de fringues. Les SS empêchent toute approche. Je pars avec mon kommando.

Nous nous sommes serré la main et le Bouddhiste m'a dit :

– Le premier qui rentre en France prévient les parents de l'autre. D'accord ?

C'est moi qui ai prévenu sa famille. Il n'est jamais rentré.

*

Début janvier 45. Block 19.

C'est aux alentours du 12 janvier que la nouvelle s'est répandue : les Russes attaquent dans le secteur.

Très vite, la rumeur se révèle exacte. L'Armée rouge se rue sur la Vistule.

Au Lager, les nouvelles ont toujours la même source. Les détenus qui travaillent dans l'administration du camp sont en contact permanent avec les SS. Ils parlent tous l'allemand. Il leur suffit d'écouter les conversations des gardes, de consulter à la sauvette un journal qui traîne, d'ouvrir les oreilles lorsqu'une radio fonctionne pour ne plus être coupés du monde extérieur.

Se lève alors un rêve fou. Et s'*ils* arrivaient

jusqu'à nous ? L'impensable, la mythique Armée rouge...

Auschwitz est proche de la Vistule, le grand fleuve qui arrose Cracovie, et la ville est sur leur chemin, à une soixantaine de kilomètres d'ici.

En contrepoint, l'angoisse. Et s'ils arrivent jusqu'ici, qu'allons-nous devenir ? On peut imaginer l'Apocalypse...

– On verra bien, me dit Henri.

Henri et Armand, deux nouveaux Durchfalliens, avec qui le courant passe. Il y a peu de Français dans la salle. Les autres sont hollandais, belges ou hongrois.

Rumeurs. Dans toute la Haute-Silésie, la multitude de kommandos essaimés dans les mines, les usines et les carrières doit se poser les mêmes questions et tous les clochards et zombies de Birkenau à Buna-Monowitz[1] doivent dresser l'oreille. Le monde concentrationnaire est maintenant aux fauteuils d'orchestre en cas d'attaque soviétique. L'espoir repointe son nez, un espoir mortel.

Apparemment, rien n'a changé dans le menu quotidien. Le boulot continue et chaque matin les milliers de pyjamas partent pour les chantiers où ils vont gagner leur mort. Même pas cadencé, *links*, gauche, *links*, même épuisement, mêmes torses qui se redressent. Impavide, l'orchestre

1. Birkenau : Auschwitz II. Buna-Monowitz : Auschwitz III.

joue. De l'hôpital, on entend toujours le son lointain des instruments qui nous indique qu'une nouvelle journée commence au bagne.

Et dans le gigantesque périmètre concentrationnaire, à Blechhammer, à Jawichowitz, à Katowice, jusqu'à l'ancienne frontière polono-allemande vers Gleiwitz, un mot nouveau trace sa route dans le vocabulaire des Lager, un mot magique fait de terreur et d'espoir fou : Évacuation ! Dans toutes les langues européennes, dans les patois, dans les jargons, en yiddish, en grec, en hongrois, en flamand tout le monde pense, chantonne, rêve d'une orthographe inconnue : Évacuation !

Signification simple : on va quitter le camp, pas pour un départ en transport[1], mais pour une marche vers la liberté, puisque les Rouskis foncent vers l'ouest et les Alliés vers l'est, avec les Lager au milieu.

*

1. Lorsque la SS avait besoin de main-d'œuvre dans n'importe quel coin de « l'Empire », les gardes raflaient, au moment de la sortie des kommandos, le nombre d'hommes nécessaires ailleurs, les embarquaient dans un train standard de wagons à bestiaux et envoyaient la cargaison là où la nécessité s'en faisait sentir. Pas de bagages, pas d'adieux. Rafle, départ pour la Baltique, la Bohême, la Slovénie, l'Enfer. Et tous ceux qui avaient une planque ou appartenaient à un réseau politique ou autre craignaient les transports. Ailleurs, il fallait, sans balises, sans appui, comme un détenu lambda, tout recommencer.

Dans les Lager, les déportés n'ont jamais été égaux.

Le terme générique de « déportation » masque des différences importantes de traitement. Un camp de concentration n'a que des rapports, disons, ponctuels (uniformes, discipline SS, travail de bagnard, absence de soins médicaux, sous-alimentation, violences physiques, humiliations constantes, crématoires, etc., sont semblables dans tous les Lager) avec un *Vernichtungslager*, un camp d'anéantissement, dont on ne doit pas ressortir vivant. Ce qui les différencie fondamentalement, c'est l'adjonction d'une chambre à gaz dans les usines de mort montées pour un seul usage : anéantir.

Ce genre d'univers n'a jamais existé préalablement et reste donc incomparable. Il n'y a pas de sélections dans le monde concentrationnaire de base alors qu'elles sont incessantes dans le monde de l'anéantissement.

Je crois, très sincèrement, que ce n'est pas par hasard que les principaux lieux de mort ont été installés par les nazis en Pologne. Disons que le « terrain », le « climat mental » s'y prêtaient. L'argument géographique selon lequel cela serait lié à la position centrale de ce pays sur le plan ferroviaire ne me paraît pas convaincant.

Les Polonais forment un peuple qui sait

mourir. Il l'a prouvé par son courage, en 39, en chargeant les chars allemands avec des lanciers à cheval. Mais ce peuple, fou de courage, ne sait pas vivre. Il l'a démontré lors de l'extermination de ses citoyens juifs, une minorité nationale qui représentait 10 % de sa population totale, un groupe d'une valeur intellectuelle incommensurable. A Varsovie, en 39, paraissait chaque jour une cinquantaine de quotidiens en yiddish, avec des tirages certes très souvent confidentiels mais ils existaient et entretenaient un foyer intense d'idées. Sans parler des centres culturels d'une vivacité mentale inouïe, comme Wilno, la Jérusalem du Nord, pour n'en citer qu'un. Il n'existait pas une rue, pas une maison, pas unlogement de cette ex-capitale où on ne trouvait un homme penché sur le Talmud, la Gemârâ, ou une Thora. Un homme en prière, un homme qui enseignait, un homme en « réflexion », un homme en « interrogation ».

Il n'en reste que des cendres.

Les Polonais ont été les seuls à prendre les ennemis (les Juifs) de leurs ennemis (les Allemands) pour des ennemis. Et le seul pays d'Europe à connaître un pogrom, APRÈS Auschwitz, a été la Pologne. Dans la ville de Kielce, en 1947.

Des camps d'extermination, en Pologne, à ma connaissance, il y en a six qui ont été de formidables moulins de mort : Belzec, Chelmno,

Sobibor, Auschwitz, Majdanek, Treblinka. Je laisse de côté les ghettos et les fosses communes des *Einsatzgruppen* SS. La mort en série y a sévi avec la même violence, mais sous d'autres formes que celles des usines à tuer proprement dites. Et on ne peut oublier que lorsque les SS lettons ont entamé la liquidation des restes du ghetto de Varsovie, le jour de Pâques 43, les Polonais qui sortaient de la messe ont, du haut de la passerelle qui reliait deux parties de la ville « aryenne », applaudi au massacre. Pendant que Marie crevait à Ravensbrück, que Marie-Madeleine était forcée de se prostituer dans un bordel ukrainien, que Joseph crachait ses poumons à Buna, qu'Anne et Marthe rendaient l'âme à Bergen-Belsen et que Jésus était crucifié chaque matin dans un ghetto, un des peuples les plus ancrés dans un catholicisme compulsif applaudissait à leur mort.

Dans l'Europe occupée, l'Allemagne a laissé une constellation de lieux maudits dont l'Histoire gardera les noms, mais essayer, ou plutôt tenter de survivre à Dachau par exemple signifiait une possibilité très, très réduite, certes, mais une possibilité quand même de surnager, alors qu'entrer à Treblinka voulait dire : néant.

Tout, à Auschwitz, était paroxystique, actions, sentiments, comportements, y compris la lutte des classes dans sa forme la plus caricaturale.

D'un côté, 500 (?) planqués face à 24 500 (?) squelettes en devenir[1]. Pas un des privilégiés, par son métier, ses relations, ses mœurs, voire sa notoriété dans le « civil » (un musicien, par exemple), n'aurait renoncé à quoi que ce soit de ses « privilèges ». Et cela se conçoit. La machine à exterminer fonctionnait aussi avec cet objectif : diviser les taulards, avantager l'un pour rendre l'autre un peu plus envieux, un peu plus soumis, faire dévier la frustration et la haine de ses objectifs réels, les SS et la hiérarchie verte, pour les détourner vers l'autodestruction. Et ces 500 *ultra-nantis* devenaient une source de provocation et de désespoir pour les autres. Il faut d'ailleurs préciser que le capital de ces « privilégiés » se réduisait à peu de choses, mais elles étaient vitales.

La lie de la terre était ici composée des Juifs de toute l'Europe et des citoyens de ce monde hors norme baptisé « NN[2] », de l'immense ensemble de ceux qui ne devaient jamais ressortir vivants des camps, les sous-hommes et les opposants purs

1. Je n'ai pas de chiffres précis sur la population d'Auschwitz. Elle fluctuait sans cesse. Le moins qu'on puisse en dire est qu'elle était variable. Je me base sur le nombre de blocks du camp principal, ils étaient vingt-huit, et leur contenance approximative, selon le nombre d'occupants par couchette.

2. NN : initiales de « *Nacht und Nebel* », Nuit et Brouillard. Elles s'appliquaient à ceux qui devaient disparaître sans laisser de traces, perdus dans la nuit et le brouillard. L'Allemagne a toujours été un pays romantique.

et durs au nazisme. Penser… sous le nazisme était le crime absolu.

Un déporté comme Schuschnigg, ex-chancelier d'Autriche, un Léon Blum – ce ne sont que des exemples – n'ont pas connu la déportation d'un Juif polack de base. Pas plus que les Polonais chrétiens n'ont été traités de la même façon que leurs concitoyens de religion « mosaïque », mention portée sur les actes d'état civil polonais pour désigner les Juifs. Ce qui n'a pas empêché, aussi, chaque famille polonaise chrétienne d'avoir un deuil à vivre après le passage de l'ouragan nazi. A ma connaissance, les sélections ne s'appliquaient qu'aux Juifs. Ce qui ne veut pas dire non plus que certains chrétiens n'ont pas été gazés. Tout… et son contraire étaient possibles, étaient plausibles au Lager. Ne jamais oublier, lorsqu'on cherche à comprendre, qu'il n'y a rien à comprendre dans un monde incompréhensible où n'existe qu'une loi, la matraque, une sanction, la mort, un raisonnement, la déraison.

Certains internés recevaient des colis, ce qui signifiait retarder l'échéance de la cachexie mortelle. J'ai eu l'occasion de participer au pillage de la *Häftlingspaketstelle*, la réserve aux colis, et peux en attester.

Les savants de réputation mondiale, l'élite des universités de Heidelberg, Vienne, Budapest et d'ailleurs, qui travaillaient au kommando

« Rajsko » et effectuaient un travail de scientifiques, étaient relativement protégés. Relativement, car si Berlin avait donné l'ordre de les tuer, ils auraient immédiatement été exécutés.

Pour les très rares survivants des convois français de 42 et 43 (certains trains ont été entièrement anéantis), le camp était un « véritable sanatorium », lorsque nous y sommes arrivés. Et j'imagine, sachant ce qu'ils ont enduré et connaissant le nombre infime de ceux qui en sont sortis, que la comparaison était juste, même si elle m'a exaspéré ! Je crois que mon convoi a eu une trentaine de rescapés, chiffre absolument considérable.

Je me souviens d'une conversation avec deux Juifs de Varsovie, qui a failli très mal finir pour moi.

C'était dans les tout premiers jours du camp et l'incrédulité menait encore le bal malgré l'évidence. Je maîtrisais le yiddish et j'ai pu parler clairement avec ces deux rescapés du ghetto. Ils me racontaient ce qu'ils avaient subi et moi, à demi incrédule, enragé d'entendre encore une fois parler de sana, je leur ai posé une question parfaitement idiote !

– Avec tout ce que vous avez subi… Vous vivez encore ?

Après avoir vu leur regard meurtrier, je n'ai plus jamais reposé ce genre d'interrogation imbécile.

L'égalité n'existait qu'au stade final : le crématoire. Un corps de Juif gazé, de politique pendu, de croyant ou d'athée torturé à mort au « 11 », à la *Politische Abteilung*[1], flambait de la même façon lorsqu'il passait à la chaudière.

*

Et là, soudain, avec l'avance de l'Armée rouge, tout le monde se retrouve devant l'égalité intégrale par la magie d'un mot : Évacuation.

Le temps passe, 13-14 janvier, le camp est saisi d'une fièvre invisible mais que chacun ressent. D'un coup, construire le tout-à-l'égout au Lager devient ridicule, améliorer l'état des routes tourne au grotesque, creuser la carrière de sable *Haus Palitch* ressemble à remuer du vent.

Et chaque jour, maintenant, ça se précise : Évacuation.

Les consignes de l'organisation clandestine du camp sont formelles : « Si vous êtes valide, partez ! Les SS ne laisseront pas de témoins derrière eux. »

Mon contact avec l'organisation est un jeune de mon âge, Michel, militant arrêté à Toulouse. Un gars remarquable d'intelligence avec qui j'ai partagé la pelle et la pioche et parfois un sourire

1. La section politique. Euphémisme pour désigner la Gestapo d'Auschwitz.

lorsque le temps était à l'humour. Rarement, hélas. Un jour, je piochais et lui pelletait, avec changement de rôle le lendemain.

Important d'avoir un compagnon du même âge au travail. Les rares « vieux » qui avaient survécu à la sélection d'entrée mouraient très vite sur les chantiers. C'est ainsi que j'ai vu disparaître le docteur Chatt.

Tous les émigrants des années trente échoués à Belleville ont connu ce médecin légendaire.

Son cabinet, installé sur le boulevard, a vu transiter tous les éclopés du quartier.

Il aurait fait un étonnant personnage de roman. Petit, rondouillard, il avait un défaut de prononciation, un « cheveu sur la langue », et les enfants du quartier imitaient son accent. Il était aussi pauvre que ses malades, lesquels ne payaient que lorsqu'ils pouvaient le faire. La Sécu n'existait pas à cette époque, les remèdes étaient extrêmement limités en nombre (ventouses, inhalations, sangsues, etc.) et les guérisons relevaient plus de la constitution des patients que du savoir-faire de ce toubib.

Arrêté à Lyon, il a fait partie de mon convoi et, après avoir coupé à la sélection, s'est retrouvé dans le même groupe de terrassiers que moi.

Ce jour-là…

Le chantier se présente ainsi : une immense, profonde et large tranchée à la destination inconnue. Au fond, un piocheur et un pelleteur. Au milieu Chatt, sur une minuscule plate-forme, doit expédier à l'extérieur, vers moi, la terre collectée et envoyée vers lui par l'équipe du fond.

Je suis le seul des quatre à me trouver dans le champ de vision du kapo.

Chatt reçoit la terre, me l'expédie et je l'accumule en tas. Pour quoi faire ? Mystère. Chatt est âgé, ses forces ont diminué et les pelletées n'atterrissent plus devant moi mais retombent au fond du trou. Il ne faut surtout pas que le kapo s'aperçoive que Chatt, largué, ne travaille plus. Je m'active, me remue. Rien n'y fait. Le kapo rapplique, gueule, ordonne à Chatt de remonter.

Le vieux toubib de mon enfance, tombé sous les coups, a été ramené à demi mort le soir, au camp. Je ne l'ai jamais revu.

Les rumeurs s'accentuent. Auschwitz est en faillite. Le chef-d'œuvre du nazisme s'effondre.

Les supplices et la mort, l'imbécillité et le sadisme, l'humiliation de l'autre élevée au rang d'institution, les surhommes et leur vide intellectuel, la bassesse des universitaires allemands, la production industrielle de cendres humaines, le vol et les rapines érigés en système économique à l'échelle européenne, les usages et les manières de la pègre en guise de lois politiques, la matraque comme argument suprême, la torture inscrite et légalisée dans le code pénal allemand, les brûleurs de livres, les tenants de l'art « germain », les adorateurs de la mort, les partisans de l'eugénisme, les adeptes de la force par la joie, le culte du « guide » qui pense pour vous, bande pour vous, gère pour vous, toutes ces vérités perverties sont en banqueroute. La mort va enfin redevenir la fin naturelle de tout être et non plus cet abaissement permanent, cette longue descente dans l'infamie. Belle victoire, après que des millions d'hommes sont tombés sur tous les fronts et dans tous les camps, pour avoir enfin la liberté d'exister, tout simplement, mais qui se ramène pour les pyjamas à rendre à la mort sa destination première. La liberté, au Lager, se ramène à ça !

Le nazisme dépose son bilan. Et, surarmés, par millions, les créanciers arrivent de l'ouest et de l'est pour solder les comptes.

« *Ivan kommt!* », Ivan arrive… Tous les SS connaissent cette phrase, ces quelques mots qui terrorisent l'Allemagne.

Évacuation ! De nouveau, la consigne passe : « Ne restez pas au camp si vous êtes valide. Le moment venu, partez ! »

Le 17 janvier marque le commencement de la fin de la planète Auschwitz et de ses satellites. Ce jour-là, aucun kommando n'est sorti travailler. L'orchestre a disparu. Plus de flonflons pour accompagner les derniers pas d'une vie. Plus de marches militaires pour souligner la mort par émiettement. Au Lager, on perdait sa réalité par bribes, exactement comme une planche qu'on rabote. A chaque instant, copeau après copeau, copain après copain, on laissait filer sa vie. Un copeau, deux... Vous veniez de mourir deux fois.

La danse macabre s'achève. La musique de mort a enfin fermé sa gueule.

Une atmosphère étrange s'est abattue sur l'immense enclos qui forme le camp central. Comme si le ressort trop tendu de la discipline de fer se relâchait d'un coup. Une impression de mou. Et, chose étonnante, l'effet soudain, pour la plupart des crevards, de ne plus avoir de boussole. Les commandements gueulés manquent, l'absence des us et coutumes du camp devenus réflexes de comportement affole les hommes comme des cobayes testés dans une cage qui ne recevraient plus leurs stimulations habituelles, électriques ou autres. Je réalise, maintenant, quel degré de déshumanisation avait atteint l'immense majorité des pyjamas. Des moutons sans chiens pour les tenir, voilà ce qu'était devenue la majorité des *Häftlinge*. Mais les dogues ne sont pas partis... Le Lager semble flotter. Même les SS, les kapos et les chefs de block paraissent désemparés. Créer une gigantesque industrie du meurtre implique certaines règles précises. Là, elles ont disparu et la machine s'enraye.

Dans la foule qui court sans but précis dans les rues du camp, les choses se confirment : les Rouges sont à Cracovie et l'Évacuation va commencer. « On part », la formule du jour dans toutes les langues de Babel-en-Silésie.

Les hommes vont et viennent, s'interrogent, avec une lumière inattendue dans le regard, une lueur d'incrédulité. La bureaucratie à l'organisation si stricte, car ce sont des hommes d'ordre et de parfaits industriels, les Allemands, se grippe aussi puisque les gens de l'hôpital qui sortent et rejoignent leur kommando n'ont même plus de matricules cousus sur les vestes et les pantalons. Le temps manque pour faire appel aux tailleurs.

Je suppose que les SS s'interrogent.

Qu'est-ce qui n'a pas été pris en compte dans les plans du Führer pour que ça ne marche plus ? En quoi Heinrich Himmler s'est-il fourvoyé ? Ses vaillants SS n'ont pas fini leur tâche, vider l'Europe de tout ce qui pense, de tout ce qui s'interroge, de tout ce qui doute. Car, là est le mal juif, là est la peste : ces gens-là n'ont JAMAIS été illettrés, ces sous-hommes ont passé des siècles à lire, relire, disséquer et commenter les mêmes textes, ces rats pensent ! Et doutent... D'où cette sanie qui en découle, remettre l'ordre établi en question. Et ça, pour un nazi, ce n'est pas supportable.

Où et quand le peuple allemand, celui qui sert d'alibi pour commettre toutes les horreurs, « *Dem Deutschen Volk* »… c'est écrit sur les ruines du Reichstag incendié, a-t-il failli pour permettre aux hordes venues d'Asie de prendre Cracovie, ce joyau de l'ex-Empire austro-hongrois ? Car Cracovie est tombée !

L'Autriche, le pays du Führer, est en deuil. L'empereur de la monarchie à deux têtes, ce défunt empire, n'avait-il pas le titre, entre roi de Hongrie et roi de Bohême, de « duc d'Auschwitz »[1] ? Et les Mongols vont occuper son domaine, rafler ce bijou nobiliaire dont le nom restera à jamais dans l'Histoire ? Auschwitz…

Dans la foule qui court sans but précis dans les rues du camp, dans une sorte de panique froide, les choses se confirment : les Rouges sont bien à Cracovie et l'Évacuation va commencer. Elle se fera kommando par kommando, block par block. Le travail et le domicile sont liés au Lager.

Les premiers à partir sont deux kommandos de crevards, deux groupes de travail très durs, le *Holzhof* et le *Kohlenplatz*.

On y mourait vite. Et ça continuera. Ils vont inaugurer, lors de l'agonie de l'Allemagne, les

1. Ironie des titres de noblesse !

longues chaînes de cadavres qui vont jalonner les routes de ce qu'on appellera les « marches de la mort », cette fuite incohérente et sans but des troupeaux de déportés traînés par leurs gardes d'un camp à l'autre lors de la chute finale, alors qu'en même temps, à l'initiative d'Himmler, des trains de femmes déportées quitteront Bergen-Belsen à destination de la Suède. Du délire à la folie, de la folie au chaos total dans une Apocalypse de bombes et d'incendies, formule approximative pour résumer le nazisme du commencement à sa fin. Le crépuscule des dieux, diront les historiens. Le crépuscule de la voyoucratie européenne plutôt, l'agonie, hélas provisoire car elle est toujours provisoire, de la connerie humaine élevée en mode de vie. Si Dieu il y a eu, alors ce sont les détenus qu'il faut honorer. Les martyrs de la chrétienté, l'enseignement des catéchismes ne sont que des contes à l'eau de rose à côté de ceux qui ont eu le malheur, non inscrit dans leur horoscope, de finir au block 11 ou de faire l'évacuation d'Auschwitz.

Autre rumeur venue des bureaux. Les SS brûlent certaines archives.

Block 19. Section chiasse-et-mort.

Là aussi, l'air vibre. C'est le double blocage, l'impossibilité d'en sortir, qui diffuse une angoisse folle. Rester au block, c'est mourir. Aucun service alimentaire ne pourra plus être assuré. Plus de boulangeries, plus de cuisines. Sans parler de ce que feront les SS. En assassins parfaits, ils ne laisseront pas de traces derrière eux.

Partir pour une très longue distance, faire la route avec des chaussures à semelles de bois[1], lorsqu'on s'est vidé de toutes ses réserves dans des diarrhées effarantes, c'est s'écrouler sur le bord de la route ; les SS n'auront même pas besoin de tirer. Le climat se chargera de donner le coup de grâce à ceux qui prendront le fossé neigeux pour un lit blanc. La route d'Auschwitz à Katowice ne sera qu'un long chemin moquetté de cadavres. Et ceux qui survivront à l'Évacuation auront encore à subir les camps jusqu'à avril-mai dans une Allemagne qui n'arrive même plus à nourrir les siens. Ce sera donc la famine qui régnera à la fin.

Comme les autres, je tourne dans les couloirs, dans un carrousel de spectres en chemise, os saillants, crânes rasés, culs nuls. Une danse muette de danseurs squelettiques dans un brouhaha incessant de questions sans réponses.

Ragots. Rien de précis si ce n'est qu'un par un, parfois avec des intervalles assez longs, les kommandos passent la porte.

1. La neige fraîche colle au bois, forme des amas informes sous les semelles. Rien de tel pour se tordre, se fouler, etc., les chevilles aux muscles défaits.

Désormais, la roue du destin tourne pour chacun. Le Lager va se vider mais, dehors, sur la route, à chaque virage, à chaque croisement, devant chaque borne kilométrique, la mort sera aux aguets.

Je ne peux m'empêcher de penser au sous-verre qui « décorait » certains blocks, avec ces mots :

Es gibt einen Weg zur Freiheit.
Seine Meilensteine heissen :
Gehorsam, Fleiss, Ehrlichkeit,
Ordnung, Sauberkeit, Nüchternheit,
Wahrhaftigkeit, Opfersinn
und Liebe zum Vaterland !

Traduction : « Il existe un chemin vers la liberté, ses étapes ont pour nom : obéissance, zèle, honnêteté, ordre, propreté, sobriété, sincérité, esprit de sacrifice et amour de la patrie ! »

Toujours le côté faussement moralisant du nazisme, plein de bons sentiments apparents qui cachent une réalité terrifiante. Il y a eu dédoublement de la conscience chez les nazis, comme le montrent la codification des actes fous qu'ils commettaient, par exemple parler de « traitement spécial » pour ne pas dire extermination, leur manie du secret consistant à se contenter d'ordres verbaux, de « vœux du Führer », à ne pas laisser de traces écrites, ou encore la justification d'un Himmler devant le massacre des enfants : « Il ne fallait pas laisser d'éventuels vengeurs en vie », ce qui induit la conscience cachée d'une défaite certaine, mais annonce en même temps qu'on continuera à tuer et qu'on le fera jusqu'au bout.

A rapprocher de certaines autres devises des camps : « A chacun son dû ! » ou « Un paquet de briques est beaucoup plus léger que le poids d'un crime ». Langage d'expert en vérité... Aucun Allemand n'est mort sous une charge de pierres. Il est vrai que le remords n'a été inventé par Dieu (?) que pour compenser sa création du péché. Or, les SS n'ont pas la moindre notion de la faute ou du crime.

Es gibt einen Weg... Ceux qui quitteront le camp n'auront pas d'autres signaux routiers que : Mort, mort, mort... Et la route sera longue, très longue, jusqu'au premier train...

Le Bouddhiste parti, c'est avec Henri et Armand que nous formons un petit clan solidaire.

Armand.

C'est un Lorrain de dix-huit ans, originaire de Sarreguemines, déporté avec toute sa famille.

Son père n'est pas entré au camp.

Henri est parisien. Plus âgé.

Simon ne nous rejoindra que quelques jours plus tard.

Au milieu de l'après-midi, un SS fait son entrée dans la grande salle du « 19 ».

– *Achtung!* Tous ceux qui sont en état de marcher partiront. Vous allez recevoir des vêtements et des chaussures.

Chose inouïe, il ajoute :

– Il fait très froid, vous pourrez découper des couvertures et en prendre des morceaux pour vous protéger.

Incroyable ! Un Tueur-Nounou qui s'occupe de notre confort et qui donne l'ordre d'un sabotage ! Dans leurs lois, découper une couverture du Grand Reich relève en effet du sabotage et donc de la peine de mort immédiate.

Lorsque les fringues arrivent, je bondis du lit. Je suis le premier habillé sans toucher aux couvertures. Là où nous échouerons, si on me trouve avec des morceaux de tissu sur le dos, on ne me demandera pas d'explications. Ce sera une balle dans la tête.

Vêtu de ma défroque habituelle, je me sens revivre. La vitre d'une fenêtre me renvoie mon image : un visage maigre, des yeux brillants, une mousse noire sur la tête – pas de tondeuse depuis trois semaines environ. Mais l'uniforme me redonne un aspect « humain » comparé au misérable à moitié nu que j'étais il y a encore une heure à peine. Le fait d'être déshabillé ajoutait encore à l'humiliation quotidienne. Rien de surprenant si, à la Gestapo, les hommes étaient presque toujours nus au moment des interrogatoires. Dans ce cas, la nudité contribue à désarmer plus rapidement. Et que dire des femmes au moment de la question…

Le docteur K. n'a pas bronché. Il a décidé de ne pas quitter l'hôpital.

Dehors, les SS ont repris les choses en main. Les kommandos s'alignent comme s'ils sortaient travailler. Ne manque que la musique.

Formation habituelle des hommes en mouvement, avec alignement par rangées de cinq.

Les groupes concernés reçoivent une ration alimentaire pour la route. Un demi-pain et un demi-paquet de margarine par homme.

Autour des blocks en attente de départ, la foule bleue et blanche grouille, se croise, s'agite.

La nuit. En compagnie d'Armand et d'Henri, je quitte enfin l'hôpital et m'aligne dans le paquet de partants du block 19. Curieusement, l'angoisse m'a abandonné. On va partir.

*

8 mai 1945. NAPLES.

Il fait jour. Le *Bergensfjord* glisse dans une baie de carte postale. En fait, c'en est une, nous entrons dans la rade de Naples et ce décor je l'ai vu dans tous mes livres de géo.

Sur la droite, le Vésuve. Déception. J'ai toujours cru qu'il fumait, alors qu'il est là, ancré dans le golfe, impavide, veillant sur une ville immense qui a connu la guerre.

Amarres. Passerelle légère. Des uniformes montent à bord. Mouvement qui concerne l'état-major du bateau.

Tous les hommes qui ne sont pas de corvée sont collés au bastingage.

Soudain, les haut-parleurs du navire nous balancent un message, en anglais, vite traduit :

– Winston Churchill vous parle !

Et la voix de l'homme de 40, celle qui promettait à son pays « du sang, de la sueur et des larmes », annonce que, à Reims, la nuit dernière, l'Allemagne a capitulé sans condition.

La guerre est finie en Europe. Du moins, sa phase militaire. Quant aux séquelles…

Les Anglais poussent des hourras et chantent. Mais l'ensemble des hommes reste calme. Certes, c'est un soulagement d'apprendre que tuer redevient un crime mais chacun des passagers, à bord de ce paquebot, est porteur d'une expérience terrifiante qui le laisse en dehors de la liesse, même si celle-ci a certainement envahi le monde.

Je suis à l'écart, seul, inerte. Pour moi, militairement, la guerre s'est achevée le 27 janvier. J'ai un moment d'émotion à l'instant où une sirène se déclenche, suivie aussitôt par celle d'un autre bateau. Un à un, tout ce qui flotte dans la baie de Naples active sa corne et c'est un immense mugissement qui couvre la rade.

Cela commence comme un chant d'allégresse, enfle, vibre sous le ciel bleu et ce cri de bête, très lentement, glisse vers le sanglot. Ce ton grave, cette plainte immense qui monte et se maintient, ce hurlement de détresse qui grimpe dans le firmament, salue la fin du cauchemar vécu et les débuts des cauchemars à venir que nous allons vivre librement.

Nous sommes restés à quai toute la journée. Les hommes bavardent, commentent l'événement. La guerre de neuf ans est terminée, car ce n'est pas le 1er septembre 39 qu'a débuté la tuerie mais le 18 juillet 1936, en Espagne.

Oui, les républicains espagnols ont été les premiers à monter en ligne contre l'incommensurable et féroce sottise des Mussolini, Franco, Hitler et de leurs reproductions caricaturales – Degrelle, *monseigneur* Tiso, Doriot, Antonescu, Pavelitch, Szálasi, etc., idéologues dévoyés encore pires que leurs modèles – dans tous les pays que les armées du Reich vont occuper. Madrid est la première capitale européenne bombardée et Guernica inaugure l'immense liste des cités réduites en poussière avec Dresde, en Allemagne, pour clôturer le palmarès. Ce seront d'ailleurs les déportés de Mauthausen qui seront les derniers libérés, le 5 mai.

Les sirènes gueulent et pleurent. Joie et deuil. La guerre est finie.

Arrivent en trombe les idées noires à propos de ce que nous allons retrouver chez nous. Existe-t-il seulement encore, ce « chez-nous » ? Chacun a laissé une famille quelque part. Qu'en reste-t-il ? Mais c'est un sujet tabou. On parle, on tourne autour, cependant chacun évite de plonger dans la nuit. Car l'Europe libérée est sombre pour les passagers du *Bergensfjord*.

Certains prisonniers de guerre le sont depuis 40, les STO français ont commencé à partir pour l'Allemagne début 43. Le premier convoi de déportés de France date de mars 42. Chaque survivant nage dans un bain fait de bombes, de terreurs, d'incendies, de monceaux de cadavres, de coups, de violences inimaginables depuis que Franco a eu l'idée de vouloir renverser le gouvernement espagnol. Chacun sait que plus rien ne sera pareil désormais, pour lui et pour le monde. Oui, chacun ressent un sentiment de joie triste. La guerre est finie. Reste à savoir quand nous pourrons commencer notre après-guerre.

Le soir venu, fiesta dans la baie de Naples. Un bateau a tiré une fusée rouge. Un autre a enchaîné. Exactement comme les sirènes du matin. Et c'est un feu d'artifice monochrome, couleur de sang, qui illumine la nuit. La fusée rouge, dans la marine, est un signal de détresse. Comme si la gigantesque flotte ancrée là, dans un décor fait pour l'amour et la tendresse, saluait l'immense vide ressenti par des rescapés de la Seconde Guerre mondiale et traçait dans le ciel noir une ombre faite de l'hémoglobine des millions d'humains que la guerre a dévorés.

Nous sommes repartis dans la nuit. Direction le détroit de Bonifacio.

Il fait grand jour maintenant et le navire vire de bord. A la poupe du bateau, appuyé à la rambarde, je regarde les marsouins qui nous font un brin d'escorte et sautent hors de l'eau pour y replonger aussitôt. Jamais vu un spectacle pareil. Éclairs noir et argent, les cétacés se livrent à une gymnastique fort différente de celle du Lager. Au camp, parmi les punitions, après une séance de « *Mützen ab, Mützen auf*[1] *!* » venait en général un cours de gym avec un SS pour moniteur, assisté d'un ou deux kapos.

Un jeu tout simple, « *Mützen ab, Mützen auf!* ». Un raccourci de l'appel.

1. *Mützen ab* : Bérets bas ! *Mützen auf*: Bérets hauts !

Ça se joue en deux équipes : un groupe de taulards au garde-à-vous, face à un SS.

Commandement.

– *Mützen ab!*

Les crânes se dénudent, les bérets claquent sur la cuisse.

– *Mützen auf!*

Les coiffes retrouvent leur place primitive.

A priori, rien de bien méchant. Sauf la durée du jeu, sauf l'accélération du commandement, sauf le bras qui n'en peut plus de s'abattre, de se lever, de retomber. Une fois, dix fois, cent fois, deux cents fois. Une pulsion de meurtre monte dans les têtes, une pulsion aussitôt réprimée. Car le moindre geste de révolte, le plus petit signe de lassitude et…

La séance sportive était, elle, généralement liée au travail et n'avait rien d'un match. Pas question d'une compétition Association Sportive Kapo contre Union Olympique Krematorium, avec arbitre et juges de touche. C'est plus animé, plus vivant… façon de parler…

… Chantier. Un groupe a pris du retard, entraînant la réflexion d'un *Posten* sur l'incapacité du kapo. Aussitôt, le gradé bondit en avant suivi de son escorte de *Vorarbeiter*. Les *gummi* sont prêts, les os aussi.

– Tas de fainéants! Sacs d'ordures! Porcschiens ! Abrutis ! Puants ! Vous traînez au travail, maintenant, vous vous encroûtez, vous devenez gras. Vous vous croyez dans une clinique de convalescence ? Allez, tas de flemmards, un peu d'exercice vous fera du bien. Vous allez voir, un peu de sport et l'énergie revient. En rang, par cinq !

Bousculade. Bourrades. Les coups de coude des kapos, dans le ventre ou les côtes, font mal. La colonne est prête, alignée au cordeau par la peur et la tension. Les Verts, eux aussi, sont parés. Étirés sur deux files, ils forment les parois d'un large corridor garni de matraques comme des trophées de chasse.

– Pas de gymnastique ! Marche !

La file démarre.

– *Schnell !* Vite, plus vite ! Tournez à droite. *Hinlegen !* Couché ! Debout ! A plat ventre.

Les hommes plongent, s'écroulent dans la poussière.

– *Aufstehen !* Debout ! Pas de gymnastique. Vite, vite, plus vite !

Course de relais folle où chacun a droit au passage du témoin. Un témoin en caoutchouc rouge qui cingle et brûle lorsqu'il bouge, un long tuyau souple qui balaie les traînards : le *gummi*. Nouveau passage du témoin. Attention ! La mort prend part à la course. Elle aussi veut jouer. On dirait un ballet, le *gummi* tombe sur une tête, l'autre se protège du bras, file en avant, se heurte à la matraque suivante, rebondit, saute, repart, course, matraque, cris.

– A plat ventre ! Dix tractions ! Vite ! Plus vite !

Les bras maigres essaient de décoller du sol. Un gars renonce. La joue engluée dans la terre jaune, il regarde le Lager latéralement, à ras du sol, ne voit plus que des jambes, des clôtures, des pieds de miradors. Tout danse et tremble devant ses yeux dans une brume rouge.

La voix tombe d'en haut, de très haut. La voix du seigneur appelle, ordonne.

– Lève-toi, *Schweinehund*, debout, porc-chien !

L'homme n'obéit pas, le porc n'entend pas, le chien regarde le paysage sous un angle original, celui où on ne voit pas, celui où on ne voit plus. Le porc-chien est mort.

La botte arrive à la volée dans les côtes.

– Lève-toi, porc !

Au suivant. Celui-là vit. Esquisse de mouvement. Il est à quatre pattes. Comme à l'école. Course à quatre pattes. Il parcourt dix centimètres, vingt. La matraque tombe, l'homme devient plat, carpette bleue et blanche posée sur le sol clair.

Les autres en profitent, reprennent souffle.

Volée de coups de pied. Bruits du *gummi* qui s'abat. Tiens, il dort aussi celui-là.

– Pas de gymnastique ! *Hinlegen ! Aufstehen !* Couché ! Debout ! Rampez !

Sur la cendrée, les maillots bleu et blanc s'alignent maintenant à intervalles irréguliers. A vos marques ! Prêts ? Crevez ! Bleu et blanc à rayures. Ce ne sont pas les couleurs du Racing, et ici ce n'est pas le bois de Boulogne. D'ailleurs, ils ne sont pas sportifs, ces gars-là, pas fair-play. Ils ont lâché le témoin, ils s'en foutent du quatre fois cent mètres, ils s'en tapent du marathon, du cross ou du demi-fond. Ils n'ont plus le témoin, ils ne sont plus témoins. Ils sont morts.

Je regarde les marsouins poursuivre leur course folle. La mer bleue a des reflets blancs.

*

18 janvier 1945.

Extérieur nuit. Une rue d'Auschwitz, devant le block 19. Il gèle.

Le groupe issu de la section chiasse-et-cadavres est là, compact. Devant lui, le kommando du « 18 », les métallos de l'Union et les prolos de l'usine de la DAW. En fait, la rue est entièrement occupée par les hommes en instance de départ qui forment un long ruban qui trépigne sur place sans avancer.

Je suis encadré par Henri et Armand. Nous avons décidé de ne pas nous quitter.

Un SS se pointe. C'est la première fois que je vois un SS à lunettes. On racle les fonds de tiroirs chez nos saigneurs et maîtres. Les plus beaux spécimens de « la race » pourrissent dans la terre noire de Russie.

L'homme est en tenue de combat, casqué, botté, mitraillette à l'épaule. Il s'adresse au groupe et nous informe que le départ est imminent. Nous allons recevoir nos rations de marche.

Stupeur ! Pas d'insultes ! Le guerrier binoclard nous précise que la route sera dure et nous demande de nous entraider mutuellement. Décidément, j'aurais tout vu ce soir et découvre, après le Tueur-Nounou, le SS-Assistante sociale.

– *Fliegeralarm !* crie un Allemand d'un ton angoissé. Alerte aérienne.

C'est bien la seule chose que craignent les nazis, SS compris : les avions.

Bruit de moteurs dans le ciel obscur. Détonations lointaines. Le Lager plonge dans la nuit, sauf le « 18 » qui brille de tous ses feux.

Hurlements du SS.

– *Block achtzehn, achtzehn a, Licht aus !* Block 18, 18 a, éteignez les lumières !

Ça ne va pas assez vite. L'Allemand sort son pistolet, vise les fenêtres et tire. Explosion des vitres. Extinction des feux !

Nouveau bruit de moteurs. Russes ? Allemands ?

La guerre, sous son aspect militaire, vient de nous rattraper.

Désormais la seule lueur est celle, lointaine, d'un incendie.

– Ils brûlent les archives, dit une voix.

La longue colonne en attente de départ forme une ligne noire sur la neige. Sur la gauche, la blancheur du mur de la cuisine attire l'attention. Réaction immédiate. Manger ! Il fait nuit, aucun risque jusqu'à ce que la lumière revienne. Des groupes foncent vers la réserve alimentaire. J'en suis et reviens très vite avec trois boîtes de conserve de viande. Impossible de percer leur couvercle de métal.

Un Hongrois me propose d'échanger la bidoche contre des cigarettes. Marché conclu.

On entend toujours les avions, et les explosions, au loin, nous rappellent que nous sommes sur le front.

Ça se prolonge. De nouveau, je quitte la colonne pour saluer un copain de mon convoi, Jacky, aligné avec le groupe du « 20 », juste derrière nous. Ce garçon, je l'ai connu à Saint-Paul. En prison, son visage portait encore les marques de son passage à la question. Infirmier au « 20 », il me paraît bien nourri.

De retour en France, j'apprendrai qu'il a survécu à la longue marche, puis aux semaines supplémentaires de détention. Il est mort libre.

Le lendemain de l'arrivée des Américains dans son nouveau Lager.

L'obscurité perdure. Il doit s'agir d'un raid sévère et je partage la jubilation de tous ceux qui m'entourent.

Nat, un autre Grenoblois qui a fait l'Évacuation, me racontera, quand je le retrouverai à Paris, le sentiment de joie extrême qu'il a ressenti dans son wagon, un vraquier métallique sans toit, dans une gare de triage de Dresde, lorsqu'il a assisté, de loin, à la destruction de la ville par les bombardiers anglo-saxons[1]. C'était en février et certains groupes encore vivants de l'exode d'Auschwitz traînaient toujours de camps en abris précaires, de routes gelées en fosses communes.

Je me suis souvent demandé si nous, les survivants, n'avions pas failli à notre retour. J'ai pensé que nous aurions dû devenir des tueurs. Pour chaque mort, il fallait un mort, pour chaque enfant tué, un enfant tué, pour chaque torturé, un torturé, pour chaque désespoir, un désespoir. Le prix à payer pour pouvoir, peut-être, dormir sans rêves.

1. Les bombardements sur Dresde, en février 1945, auraient fait, selon les estimations, entre 135 000 et 250 000 morts et soldaient l'ardoise de : Guernica, Madrid, Varsovie, Rotterdam, Londres, Coventry (ville dont la destruction permit à Göring d'inventer le mot de « coventryser », pour décrire une ville détruite), Moscou, etc. Les Alliés présentaient la note aux nazis pour solde de tout compte.

Mais, si nous l'avions fait, nous assurions la victoire des SS. Nous devenions comme eux. Ce sont ces chiens enragés qui nous ont refilé la rage et, plus d'un demi-siècle après, lorsque je vois des images d'enfants des camps, ou lorsqu'un film me balance certains regards à la gueule, remonte dans mes tripes cette fureur glacée qui me transforme mentalement en animal fou.

Intervention du *Blockältester*, le chef du block « 19 ». C'est un triangle rouge, originaire de Vienne. Ordre de rentrer à la « maison ».

– Allez vous reposer, je vous préviendrai lorsque la lumière reviendra.

C'est un communiste, donc un ennemi du Reich, mais sa phrase est stupéfiante : « Allez vous reposer… » Cela me rappelle l'ironie des anciens déportés français, rarissimes survivants des tueries industrielles de 42-43, et leur expression qui m'avait tant exaspéré mais que je comprends maintenant :

– Auschwitz est devenu un vrai sanatorium.

Il ne manque que des transats et on y serait, au sana… « Allez vous reposer ! »

Stimulus, réponse ! Ordre, obéissance. Réaction immédiate des poupées bleues conditionnées. On retourne s'allonger dans son lit, tout habillé.

Je me réveille dans la nuit. La lumière est revenue. Par la fenêtre, je vois les hommes du « 18 » qui se mettent en mouvement. Je secoue Henri.

– Oh, debout ! On part.

Il ouvre un œil.

– Fous-moi la paix ! On partira quand on nous le dira. Dors !

Deux garçons belges me saluent de la main et sortent s'aligner avec ceux qui partent. Je me rendors.

*

19 janvier 1945.

Je saute du lit. En dehors des deux Belges, personne n'est parti. La trouille ? Le réflexe d'obéissance dans l'attente d'un ordre ? La peur, je l'ai aussi, mais *a contrario*, et elle me taraude le ventre. En aucun cas, je ne voulais rester au camp et j'y suis, contre mon gré, contre toute ma raison. Ce qui d'ailleurs accentue ma panique froide, c'est que le Lager est désert… Il me paraît impensable qu'il le reste.

Oui, Auschwitz le 19 janvier au matin n'est plus qu'un grand erg neigeux de rues vides. Je sors du block avec mes deux complices et reste immobile, sidéré.

C'est inouï ! Invraisemblable ! Le décor est le même. Le long mur de la cuisine, les rangées des vingt-huit blocks et leurs briques sales, les miradors. Mais il n'y a plus de SS, plus de sentinelles dans les tours de bois, plus de mitrailleuses braquées sur chaque rue, plus de *Posten* à la porte, plus de prisonniers dans la cage collée aux barbelés, en attente de transfert au « 11 » pour sortie définitive. Nous sommes toujours en uniforme, la neige n'a pas fondu depuis la veille, mais Auschwitz est devenu un Sahara blanc, seulement peuplé de quelques silhouettes bleues.

Revient, encore une fois, *Le Chant des Marais* :

....

Dans ce camp morne et sauvage
Entouré de murs de fer,
Il me semble vivre en cage
Au milieu d'un grand désert…

....

Tout y est, la muraille intacte, le réseau de barbelés électrifiés toujours aussi infranchissables, et le désert en prime. Quant aux barreaux… Ils sont invisibles, mais malheur à ceux qui vont essayer de quitter le Lager.

Renseignements pris, il ne reste au camp central que des malades invalides cloués dans les lits des blocks hospitaliers et une poignée d'anciens qui ont décidé, malgré les risques, de tenter leur chance en se planquant dans les blocks déserts.

Un des ancêtres, un politique, m'explique : « Ça fait cinq ans que je suis bouclé et qu'on me traîne d'un Lager à l'autre. Cette fois, j'y passe ou je m'en sors. »

Ce n'est pas mon avis. Il fallait partir. Les assassins reviendront tout effacer. J'en suis persuadé jusqu'au fond des tripes. Pas vu, pas pris, doit aussi exister en allemand.

Ce n'est qu'au « 19 » que l'effectif est presque au complet. Pourquoi ? Mystère ! On m'a dit, plus tard, que le chef de block avait affirmé au SS que ses malades n'étaient pas en état de faire la route. Vrai ? Faux ?

Donc, voici trois bagnards silencieux, trois chats maigres, l'œil en éveil, l'oreille aux aguets, en vadrouille dans Auschwitz désert.

Réaction conditionnée de tout individu qui a atteint le degré zéro de la misère : tout récupérer, tout, depuis un mégot jusqu'à l'objet le plus inutile. J'ai encore des réflexes rapides et, avec un de mes copains, nous allons réaliser le casse du siècle : les cigarettes de la cantine. Nous y sommes arrivés avant que les autres n'y pensent.

Une précision : le Lager est une copie dérisoire

de l'extérieur. Le négatif ridicule et mortel d'une ville normale. Auschwitz possède ainsi sa prison, ses cuisines, son hôpital, ses pompiers – des déportés eux aussi –, une cantine pour les planqués, une remise où arrivent les colis et même une piscine qui se trouve derrière le block 10.

C'est une ville autonome où les lois sont très légèrement différentes de l'extérieur, voilà tout. La mort industrielle n'est encore ici qu'au stade artisanal. On meurt seulement pendu, violé, fusillé, torturé, battu, étranglé, sans parler de décès naturel. Un événement possible, même à Auschwitz, car la mort possède aussi le sens du ridicule ! L'usine à tuer est à Birkenau, la porte à côté.

Je l'ai dit, la cigarette était l'étalon monétaire du camp ; tous les échanges se faisaient avec l'herbe à Nicot en contrepartie.

Parenthèse : le tabac au Lager.

Un soir, au block, rassemblement. Avec toujours la même angoisse lorsque retentissait le commandement allemand : *Eintreten !* Cela annonçait une sélection ou un départ en transport, voire une corvée dure dont on revenait rarement indemne.

Le *Schreiber* du block a remis une carte de tabac à chaque taulard. Mais pour pouvoir l'utiliser à la cantine, il faut un mark.

C'est le jeu de l'oie inventé par les nazis. On jette les dés, ils roulent et on se retrouve Gros-Jean comme devant. Je n'ai rien, les autres non plus. Fin de partie, je ne possède toujours que le néant, pas de surprise. La carte ne sert qu'avec un « mark ». Ce n'est qu'un morceau de carton, orné du cachet encré du camp, que le kapo distribue à la fin de la semaine. Le système du bon point mais amélioré.

Il arrive que le kapo veuille faire plaisir à son giton présent ou à son futur *Pipel* et lui donne vingt ou cinquante contremarques d'un coup. Quand, en plus, les planqués ont été servis… on peut imaginer ce qui reste à distribuer aux cadavres de base.

En outre, le tabac pour les internés juifs n'est accordé que de temps à autre, par hasard, en passant. Pour ma part, je n'en ai reçu qu'une fois. Ce qui fait que, lorsque le destin offre un mark à un détenu, il aura droit à une ration de cigarettes. Sans mark, il ne lui reste plus qu'à trouver un Vert, un Rouge ou un Noir qui fournira le morceau de carton et fera moitié-moitié avec le possesseur de la carte, si l'autre ne la vole pas pour toucher une ration entière.

En dehors de ça, chasse aux mégots. Chasse vitale : j'ai vu nombre de gros fumeurs échanger leur vie (leur ration de pain) contre des cigarettes. Ce n'est pas aussi absurde que ça. Quitte à mourir, autant choisir sa mort. De toute façon…

Donc, carte personnelle, mark fourni par un « associé » et, *danke schön*, bonheur ! On fume !

Fin de journée, retour du travail, le déporté de base, vidé de ses forces, nettoyé de sa résistance psychique, écœuré de l'humanité pour le restant de ses jours, vomissant son prochain comme lui-même, avale son quart de pain couvert de margarine OU d'une rondelle de saucisson et fonce au KB voir un copain hospitalisé. Il faut faire vite car la vie est brève, très brève à l'hosto. Retour au block. C'est l'automne. La soirée est longue et le cafard s'installe dans la tête. C'est l'instant du vide, du passage, là aussi, au niveau zéro, le moment où le monde s'obscurcit, où l'avenir s'efface. Questions… Questions… Questions !

Famille ? Disparue ! Amis ? Envolés ! Ça va encore durer longtemps ? Combien de jours vais-je encore tenir ? A quoi bon continuer ? A quoi bon se battre encore ? Et passe un copain avec une cigarette cousue main, toute boudinée de ses tabacs hétéroclites issus de moult mégots[1]. Il s'installe près de lui. Arrive un autre gars de son convoi ou de son pays. Ils s'informent, parlent, discutent. La cigarette improvisée passe de l'un à l'autre. Chacun aspire, raconte, inhale, espère, rêve, passe le tabac à son voisin. Tous trois vivent au même

1. La chasse aux mégots était une des activités importantes des détenus dans les rares moments où la pression baissait.

rythme, le rythme de la vie solidaire, parfois sans même échanger une parole, simplement en fumant. Dans un instant, dans une minute, ce sera le round suivant, ce sera de nouveau chacun pour soi, chacun seul dans sa souffrance, seul dans sa faim, seul dans sa maladie, seul dans sa peur ou dans sa folie. Mais là, pendant cinq minutes, le temps d'une cigarette roulée dans du papier volé à l'infirmerie (le papier à pansements), la vie passe et détruit le monde obscur des SS.

Nous voilà soudain, Armand, Henri et moi, riches d'une incroyable quantité de cigarettes.

Retour au block. L'un de nous monte la garde près du magot planqué sous le matelas. Les deux autres filent à la cuisine. Tout ce que le Lager compte de valides est là. La folle bouffe commence.

Détail : un garçon assis devant un sac de sucre en poudre regarde le jet blanc qui atterrit dans sa gamelle. Il a percé le jute de l'emballage à la base au lieu de le faire en haut et observe, hilare, les cristaux déborder et s'écouler sur le sol noir.

Un autre bagnard vient s'asseoir près de lui et le propriétaire du sac le rembarre méchamment alors que la réserve de sucre est immense.

J'embarque une imposante boîte de choucroute et la planque sous ma paillasse, à la tête du lit où elle forme une énorme proéminence. Elle ne me quittera pas jusqu'à la libération. Ce jour-là, ingrat, je l'ai abandonnée…

J'ai aussi déniché une bouteille de cognac et c'est avec joie que je déchiffre les mots en français qui ornent l'étiquette.

Je m'en verse un plein gobelet. J'ai très rarement touché à l'alcool dans ma vie « civile » avant mon arrestation. Au camp, il n'en a jamais été question pour moi. Je déguste mon nectar. Pris d'étourdissements, je m'allonge. Mais ça ne passe pas. J'ai envie de vomir et je vomis. Et c'est l'innocent locataire de la couchette du bas qui sort la tête au mauvais moment.

K., le toubib, m'a balancé une gifle. La dernière que j'ai reçue en déportation.

Ça va mieux. Tour du propriétaire à Auschwitz. Visite sommaire. Personne n'entre au block 11. Sa réputation est telle que chacun préfère l'ignorer.

En fait, je ne découvre rien de particulier car je ne cherche qu'une chose, de la nourriture. Rien d'autre ne m'intéresse. Or les réserves à la cuisine sont gigantesques. Il suffit de se servir.

Peu de monde dans les rues. La majorité de ceux qui sont restés sont des malades en fin de course, cloués dans leur châlit.

C'est toujours Auschwitz mais un Auschwitz incroyable, invraisemblable. Durant une journée « normale », le camp était désert. N'y circulaient que les hommes chargés de l'entretien, les SS ou les permanents comme les chefs de block, avant de faire place à la cohue qui envahissait ses rues après le retour du travail, juste avant l'appel.

Marche prudente avec toujours ce sentiment d'irréalité créé par les modifications dans le décor quotidien : plus de *Blockältester* en fureur, plus de kapos verts meurtriers et dont l'arrogance indique qu'ils ont enfin réussi leur vie… à Auschwitz. La disparition de la hiérarchie auxiliaire des Noirs procure un extraordinaire sentiment de soulagement. De terreur, aussi. Il est impossible que les choses restent en l'état. Himmler ne va pas laisser sa fantastique moulinette de mort aux Russes. En attendant, on mange, on dévore, on bouffe. En matière de mangeaille, tout ce qui ne tue pas fait grossir, affirme un dicton espagnol. Pour l'instant, je ne vois personne prendre du poids mais seulement des copains qui vont mourir d'indigestion.

Derrière la maison des morts, la piscine étincelle. L'eau est gelée. Je n'ai vu qu'une seule fois, en septembre, quelqu'un s'y baigner, un kapo. Le reste du temps, le bassin restait déserté et la question de savoir qui avait le droit de s'y tremper ne s'est jamais posée à un déporté basique.

Je croise des prisonniers hilares, les bras chargés de conserves issues des cavernes d'Ali Baba que sont les cuisines. Bruit d'avions. La ligne de feu est toute proche. Personne ne lève la tête. Elle concerne qui, la guerre, lorsque la faim a atteint ce stade ? Tout homme valide, toute silhouette humaine encore en état de se mouvoir, se métamorphose en pillard.

Le tout coupé de ragots, de bobards invérifiables. J'ignore si nous vivons un rêve ou un cauchemar. Hier, hier seulement, nous étions totalement dominés, soumis, écrasés, marionnettes activées par les mains et la volonté des SS ainsi que de leurs complices. Aujourd'hui, nous bougeons librement sans avoir le moindre compte à rendre. Mais les malades incapables de se mouvoir sont innombrables et les médecins décident de prendre les choses en main, tout au moins pour essayer de nourrir ceux qui n'ont plus d'autonomie. A tour de rôle, par équipes, toubibs et infirmiers vont organiser, armés de manches de pioche, un tour de garde devant la cuisine. Naïfs ! Ils ne peuvent empêcher le pillage et le gâchis. Et inconsciemment, malgré eux, réitèrent les gestes de ceux qui nous ont opprimés. Ils ne frappent toutefois personne. Il n'empêche que la dissuasion prend parfois des aspects pervers.

Nous sommes libres de nous mouvoir dans notre prison. Nous sommes des mouches libres de voler mais emprisonnées dans une cage de verre. Impossible de sortir, de quitter le Lager.

La preuve ? Mouvement, agitation.

Un groupe de pyjamas franchit la porte soudain ouverte. L'escorte vert-de-gris les laisse entrer dans le camp et s'éloigne.

Ce sont des hommes qui viennent de Buna-Monowitz, l'usine-bagne située à l'est, sur la route de Cracovie. Hors d'état de faire un kilomètre de plus, ils ont eu « la chance », alors qu'ils passaient devant le camp central, d'être bouclés de nouveau au lieu d'être abattus. Sursis…

Les toubibs les répartissent entre les blocks de l'hôpital. La *Durchfallstation* hérite de trois prisonniers dont l'un se trouve installé face à la rangée de châlits que j'occupe avec mes deux complices. C'est un Hongrois qui suçote une tige de bois.

– Vous n'auriez pas une cigarette, les gars ?

On lui en tend une. Il nous regarde, émerveillé.

Le soir du 19 janvier, Auschwitz est un îlot de paix cerné par un océan de soldats en guerre.

Obscurité totale. Le courant est coupé. Par qui ? La nuit ajoute à l'angoisse, déforme jusqu'aux pensées.

Pour la première fois, en dehors des alertes aériennes, les projecteurs des miradors sont éteints. Pas de SS en vue.

Et, miracle, plus d'appel. Un mot innocent, l'appel, mais une innocence qui faisait partie de l'outillage de mort… surtout en hiver. L'appel, lui aussi, tuait lorsqu'il durait une nuit entière et que des rangées d'hommes basculaient d'un jet, morts, gelés debout. Une Bérézina permanente devant chaque bâtiment du camp…

… Des milliers d'hommes alignés en carrés, block par block.

De gigantesques dominos bleu et blanc qui manœuvrent comme les *Horse Guards* rendant les honneurs à la cour d'Angleterre. Mais Auschwitz n'est pas Buckingham Palace. Ici, c'est une parade de fantômes déguisés en soldats d'une opérette tragique. Pas de princes au balcon mais seulement, aux fenêtres, les détenus « *Blockschonung* », suffisamment malades pour être exemptés de travail mais pas assez pour être hospitalisés. Il faut que le *Rapportführer* puisse voir leurs têtes derrière les vitres et les compter à l'aise.

C'est l'hiver en Pologne. Cette période où il neige, gèle, reneige, regèle, lorsque les bêtes se cachent pour ne pas crever, quand la peau pète, le sang se fige. Le froid… Les bois se fendent, les pierres éclatent, l'air devient palpable. On peut enfin le toucher ce fond de l'air, si frais d'habitude… L'hiver en Pologne…

A son poste, Kadouk, le *Rapportführer* chargé de l'appel, pousse son hurlement.

– *Häftlinge… Stillgestanden !* Prisonniers… Garde-à-vous !

La voix s'étire, longue et nette à la fois. Elle rassemble les lettres, pousse les syllabes, les enchaîne : *Häftlinnnge...*, et le commandement bref tonne derrière ; il sonne comme une note de musique solitaire qui cingle et casse l'air froid, « *Stillgestanden !* ».

Vingt-cinq mille hommes claquent des talons au dixième de seconde près. Vingt-quatre mille cinq cents squelettes et cinq cents obèses bombent le torse.

Le froid pince, griffe, arrache la vie, se vrille dans les narines, mord une gorge, achève un poumon bouffé par ses cavernes. Le gel perfore, lacère, tue. Un corps tombe, puis un autre, un autre, un autre encore. Les cadavres retirés des rangs sont posés sur le sol face au block, sur le front des troupes. Soldat 28340 ? Mort au champ d'horreur ! Matricule B 8715 ? Décédé d'avoir connu la Bérézina. En enfer, ce n'est pas le feu qui grille les damnés, c'est le gel. Avant le crématoire.

Désordre passager. Le carré se reforme. Et on recommence, une, vingt, cinquante fois.

– *Häftlinnnge !...*

On dirait un écho qui rebondit sur des falaises de viande bleue et blanche. Les fronts brillent, les yeux brûlent, le froid charge à la baïonnette.

– *Stillgestanden !*

Un seul talon qui claque, décalé par rapport aux autres, fait le bruit d'une détonation. Au temps pour les crosses ! On recommence. Un pyjama s'écroule, entraînant son voisin. Les oreilles, les lèvres gèlent. Il fait froid, l'hiver en Pologne. Les heures passent, les corps tombent. L'adjudant SS, relayé par un confrère, reprend son cri de muezzin tragique :

– *Häftlinnnge!...*

Enfin, ça y est ! Les corps des vivants sont droits, ceux des morts sont raides. Les quadrilatères humains, tirés au cordeau, forment des arêtes impeccables. Les doigts sont sur la couture du pantalon, les talons joints, les bouches closes.

Deuxième mouvement. *Allegro vivace!*

– *Mützen... ab!*

Vingt-cinq mille bras, moins ceux des morts, décollent du corps, volent vers le béret, le happent, le rabattent et vingt-cinq mille *Mützen* claquent d'un même bruit sur la cuisse droite. Au « 8 », block de quarantaine, un nouveau pensionnaire a pris une seconde de retard. On recommence.

– *Mützen... auf!*

– *Mützen... ab!*

Miracle. Cette fois, ça marche. Chaque chef de block annonce son effectif.

– *Block dreizehn, dreizehn a, vierhundertundachtzig Häftlinge!* Block 13, 13 a, quatre cent quatre-vingts prisonniers.

Le *Blockführer* SS passe, compte, pointe sa liste.

– *Stimmt!* C'est juste.

Une litanie d'annonces et de réponses.

– *Block sechs* (6)… *stimmt !*

– *Block zwei* (2)… *stimmt !*

– *Block…*

Ça ne « *stimmt* » plus. Il manque un homme. On recompte. Belote et rebelote, dix de der, dix par terre. Les chefs de block, devenus fous, tonnent. Les kapos, les *Schreiber*, les *Vorarbeiter…* toute la petite hiérarchie qui tremble pour ses minuscules privilèges et ses misérables prébendes se déchaîne.

L'enfer ouvre sa gueule et crache. Les diablotins, décorés de brassards, se défoncent à l'ouvrage. Un mort au « 13 », un crâne fendu au « 6 ». La houle des corps danse, le sang coule des nez brisés, se fige dans le froid, pose des rubans rubis brillants au-dessus des lèvres. L'horreur atteint force 10, la peur déploie son châle noir qui enveloppe, serre, étouffe.

– *Ruhe ! Ruhe !* Du calme !

Le silence revient. Sur la place d'appel, la Voix réapparaît.

– *Häftlinge… Stillgestanden !*

– *Mützen… ab !*

Un soir, au « 6 » (j'y étais), un homme manquait à l'appel. Compte, pointage, vérification, coups et blessures. Rien n'y fait, un prisonnier a disparu.

Sirène d'évasion. Et l'appel devient éternité…

C'était un jeune gars qui, au retour du travail,

épuisé, s'était endormi sur la couchette supérieure de son châlit et était donc invisible de tous. Il avait demandé à ses camarades de le réveiller pour l'appel. Et tous l'avaient oublié.

Entre le moment où un kapo l'a retrouvé et son arrivée devant l'effectif rassemblé devant le block, soit un parcours d'une vingtaine de mètres entre deux rangées de matraqueurs, il était mort. Il a figuré à l'appel. Allongé sur le sol, il avait l'air de dormir.

– *Block sechs, sechs a, stimmt!*

Auschwitz s'endort d'un mauvais sommeil dans le clair-obscur créé par la neige. Il est impossible que, dans l'Europe de janvier 45, le camp reste un îlot préservé au milieu de l'ouragan qui déferle près de nous. L'Armée rouge est lancée dans son rush final, l'Allemagne est aux abois. Il serait anormal que nous ne devenions pas les victimes de la curée. Être dans l'œil d'un cyclone est une réalité, mais les cyclones bougent et alors l'œil...

Auschwitz dort, un Auschwitz angoissé et calme. La guerre tonne autour de nous. Nous sommes les citoyens d'un nouveau pays, le no man's land. Auschwitz mérite enfin son nom : la terre sans hommes.

*

20-24 janvier.

Aucune nouvelle de Birkenau. Que s'est-il passé là-bas ? Certains parlent d'exécutions. Mais où ont-ils pris leurs informations ?

Quelques hommes décident de tenter l'aventure en essayant de savoir ce qui se passe au-delà de la mort. Ils sortent.

On ne les a jamais revus. Il faut dire que toute l'armée allemande défile à l'envers, en direction de l'Allemagne (« … *wenn wir heimmarschieren…* » dit un des chants de la Wehrmacht, « … quand nous rentrerons à la maison ». Ils n'y parviendront pas tous…), et que pour un homme au crâne rasé, au bras tatoué, il est difficile de s'inventer une identité de spectateur. S'ils sont pris, ils seront abattus sur-le-champ.

La prise en main du camp par les toubibs se révèle efficace. Une vraie soupe est distribuée à tous, quelque chose qui tient au ventre et non les choux à l'eau du menu quotidien, lorsque les malins se plaçaient en queue de la file d'attente pour être servis en dernier. On y trouvait, parfois, des patates et un soupçon de viande, la partie liquide étant épuisée en premier.

Pour certains, la fiesta alimentaire continue. Ainsi s'organise un repas incroyable réalisé en partie avec le contenu d'un colis récupéré à la *Häftlingspaketstelle*, la réserve des paquets destinés aux politiques et non distribués pour une raison que j'ignore. Une bouffe folle faite de sardines à l'huile, d'Ovomaltine, de fromage tiré d'une boîte métallique. Mais je n'oublie évidemment pas d'aller chercher ma ration de soupe. Bien entendu, la dysenterie revient et me tord de nouveau les tripes. Je ne suis pas le seul et on commence à ramasser les premiers morts de suralimentation. Le comble de l'absurde : mourir d'indigestion au pays de la faim. Mais tout sera absurde durant ces journées, car on ne passe pas impunément, après des mois d'un régime de famine, à une surdose alimentaire aussi intense.

Nouvelle tentative de lien avec Birkenau. Cette fois, ça réussit. Ils rapportent des nouvelles : « Il resterait un millier de personnes dans les baraques, là-bas, dont des femmes. »

Nuit. On s'éclaire à la bougie.

Nouvelle désastreuse : Auschwitz est privé d'eau. Plus une goutte ne coule des robinets. Pourquoi ? Personne ne le sait mais le fait est là, qui ajoute encore à la tension.

Le manque d'eau signifie absence totale d'hygiène pour le plus grand nombre, problème de soins et extension des maladies, sans parler de la cuisine. C'est même une vision optimiste car je suis persuadé que nous n'aurons pas le temps d'en arriver là. Fatalement, les SS reviendront et alors le problème de l'eau ne se posera plus. Définitivement.

La glace de la piscine va nous sauver la mise. On brise la surface à coups de pioche. Fondue et bouillie, elle donne un liquide supportable.

Le jour se lève, un jour gris. Doublement, le ciel s'est mis en berne et le docteur Pollack va se faire tuer.

Un cri : « Les Allemands ! »

Un groupe en *feldgrau* a passé la porte et se dirige vers la cuisine. Des hommes de la Wehrmacht. Casqués, fusil à la main, les visages marqués par l'épuisement, ils sont en guenilles, les surhommes, et cherchent, comme tout un chacun, de la nourriture.

Pistolet au poing, un gradé mène le groupe. Ils font face aux toubibs. Un des médecins lève son manche de pioche. Mauvais réflexe. Très mauvais. L'officier tire. Pollack, le vieux toubib viennois, s'affaisse. Mort.

Les autres jettent leurs bouts de bois inutiles, lèvent les mains. Les soldats raflent ce qu'ils peuvent, repartent. La guerre est ailleurs. Des Russes ? Aucun écho.

Block 19. Intérieur nuit. Éclairage aux bougies. Une mise en scène jamais vue.

Les malades dans leur lit. Les ombres gigantesques des présents se projettent sur les murs avec, reflets parmi les reflets, les fantômes aux tripes en folie qui se lèvent par intermittence pour courir vers les toilettes. Et dominant l'odeur d'hommes pas lavés, de misère et de merde, un formidable parfum envahit la salle.

Personne ne sait qui a déniché les cobayes. Pas les humains livrés à Mengele pour dissection sur des vivants, non, cette fois ce sont des animaux, des lapins, des vrais. Nul n'est capable de dire si les bêtes sont saines ou si elles trimballent en elles un bobo du genre typhus, peste ou choléra. Aucune importance ! Mourir de la peste à Auschwitz, c'est faire l'original. Ce qui compte, c'est cette odeur qui envahit tout et me renvoie à la nuit de Noël.

Dans le fond de la salle, l'état-major médical, moins Pollack, mange. Pas de « Verts » parmi eux, ils sont entre civilisés. Lorsqu'ils ont terminé, je fais partie du groupe qui se rue sur les restes et les déguste en léchant soigneusement les petits os minces.

Souper fin aux chandelles, au block 19 à Auschwitz.

Dans la nuit, je suis réveillé par un bruit inattendu : le grattement d'un métal sur du métal. C'est Stéphane qui se lève dans l'obscurité et qui gratte ses boîtes de conserve avec sa cuiller.

Stéphane a été un de mes « condisciples » dans la cellule 34 de notre prison grenobloise. C'était, avant guerre, un journaliste connu. En prison, ce n'était pas la faim qui l'obsédait mais le manque de femmes. Il passait son temps à évoquer avec un autre détenu, un antiquaire, le temps du « Sphinx », le bordel de renommée mondiale du boulevard Edgar-Quinet à Montparnasse.

Par les conversations de ces deux hommes, j'ai acquis une connaissance théorique détaillée des choses de l'amour. Ils en parlaient avec une nostalgie telle que le brocanteur amélioré en avait les larmes aux yeux alors que les miens s'exorbitaient à l'écoute des choses inouïes dont il était question.

Là, au camp, Stéphane n'est plus préoccupé par le sexe mais par la bouffe. Chaque nuit, jusqu'à la libération, il sortira de sous son lit une longue ligne de boîtes de conserve vides et continuera à en gratter les parois, cherchant un improbable haricot qui aurait pu rester collé contre le métal.

Le nombre d'éclopés grandit. La surbouffe, l'orgie alimentaire font des ravages. Nous sommes malades de nouveau.

Face au lit, le Hongrois venu de Buna déguste les cigarettes que nous lui passons régulièrement.

Il nous interroge sur notre état de santé et demande pourquoi nous ne faisons pas comme lui, à savoir se réhabituer lentement à une nourriture plus riche.

– Vous voyez, les gars, moi je me rationne. En plus, j'ai ça…

Et il nous montre une petite boîte qu'il ouvre et qui contient… du Tanalbin ! Notre médicament miracle.

Henri lui demande un cachet. L'autre refuse.

– Mais tu n'es pas malade !

– Non, mais je peux l'être.

L'insistance d'Henri n'y fait rien. Il n'est pas question qu'il nous fasse don d'un comprimé.

Lorsqu'il nous demande une cigarette, c'est à son tour d'encaisser un « *Nein* » catégorique.

Commence une pantomime entre lui et nous. Assis sur le bord du lit, pieds pendants, nous fumons, enveloppés tous trois dans des volutes de fumée grise.

L'autre suce son bout de bois.

Après chaque mégot jeté à nos pieds, notre voisin se lève, se laisse glisser vers le sol, ramasse le déchet de cigarette. C'est un supplice pour lui que de descendre à chaque fois. Mais quel regard lorsqu'il remonte en tenant la clope entre les doigts…

Entre deux courses éperdues vers les chiottes, la fumette reprend. Et toujours le même scénario. Cigarette. Fumée. Mégot à nos pieds. Et lui qui fait un effort prodigieux pour descendre et remonter sur le châlit. L'homme souffre d'œdèmes et ses jambes ont un volume énorme.

Le jeu dure assez longtemps avant qu'il ne nous cède sa boîte de médicaments contre une dizaine de cigarettes Il ne garde même pas un comprimé pour lui.

Partage équitable, en trois parts, de la pharmacie de notre Hongrois. Nous avalons tout d'un coup.

J'ignore si c'est l'effet du Tanalbin ou bien notre constitution, mais nous sortons de la maladie et adoptons un régime alimentaire plus prudent.

Tout cela nous apparaissait naturel à l'époque. Chacun pour soi et Dieu pour tous ! L'ennui est que, lorsqu'Il s'est aperçu de ce que faisaient les êtres qu'Il avait bâtis à son image, Il a été pris d'une telle trouille qu'Il s'est enfui et qu'Il court encore.

Au camp, tout était simple. Croyant ? Il ne restait qu'à se suicider... Athée ? il fallait absolument découvrir la foi, ou du moins croire en soi, non pour vivre mais pour durer. Ceux qui n'ont pas résolu le dilemme sont morts les premiers.

*

25 janvier.

Réveil. Le temps est de nouveau ensoleillé.

Cette fois, je m'occupe de m'habiller. Le magasin entier est à ma disposition. Je choisis, trie, prends ce qui me fait envie et quitte enfin mon maudit uniforme. C'est ce jour-là que je me suis « offert » la veste de chasse dont j'ai déjà parlé. Mon pantalon porte quant à lui un trait de peinture rouge le long de la couture qui court sur ma cuisse et seule une fenêtre de tissu rayé de dix centimètres sur dix indique que c'est un vêtement de taulard.

Armand et Henri font de même. Nous nous regardons, souriants. Nous avons repris un aspect humain sous notre nouvel emballage. L'habit ne fait par le moine… certes, mais…

Et puisque nous sommes des « civilisés », mes acolytes et moi décidons de nous offrir un repas normal.

Nous sommes installés dans la *Schreibstube* du « 1 ». La piaule du secrétaire du block.

Un passage préalable à la cuisine nous a permis de ramener les ingrédients de notre déjeuner. Menu : saucisson, pommes de terre et oignons sautés dans de la margarine, pâtes. De plus, pour la première fois depuis des mois, nous avons une nappe. Un drap de lit récupéré. Pas de gamelles, mais des assiettes de faïence et nos cuillers personnelles. Toujours dépourvus de couteaux et de fourchettes, nous dégustons une partie de notre plat avec les doigts.

Cigarette. La vie revient. Les ennuis aussi. Un homme se pointe. Il tient une femme par la main.

C'est une prisonnière, elle aussi, sans doute échappée de Birkenau. Elle est très jeune, maigre, affolée si j'en juge à ses yeux immenses qui roulent sous les paupières. Un petit animal, un sac d'os, qui ne sait pas très bien ce qui lui arrive. Lui, colosse encore en uniforme bleu-blanc, ne sourit pas et le marteau dont il nous menace envoie un message sans équivoque.

– Barrez-vous, j'ai besoin de la piaule.

En dehors de l'hôpital, le taulard amoureux a vingt-quatre blocks vides à sa disposition, chacun avec la même *Schreibstube*. Eh bien, non ! C'est cette chambre qu'il veut, pas une autre. Son regard parle. Il va nous assommer. Nous lui laissons la place. Il ne rabat même pas la porte lorsque nous sortons. Quant à la fille, elle a le regard fou de celle qui va découvrir le sexe peut-être pour la première fois, dans un abattoir.

C'est la seule fois entre le 18 janvier et la libération que j'en ai aperçu une au camp.

Retour au block.

Et la tempête s'abat.

– *Eintreten !* Rassemblement !

Brouhaha. Les visages sont fermés.

– Que se passe-t-il ?

– Les SS sont revenus.

Ils sont là.

En tenue de combat, un cordon de soldats barre la rue. Impassibles, comme toujours, ils règnent à nouveau sur le Lager frappé de stupeur. Les maîtres de la planète des morts, les robots de l'assassinat, les gérants de la plus incroyable entreprise de meurtres en gros ou en détail, les rejetons d'un pays dégénéré qui fut un modèle de culture sont de retour.

Un lent filet humain s'écoule des blocks qui composent l'hôpital. Tous les valides sortent. Et chacun a retrouvé immédiatement son statut de bête à l'affût du moindre mot, du plus petit geste qui annonce une mort imminente.

Un gradé nous parle.

– On va vous évacuer.

Toujours le même discours lénifiant chez les SS lorsqu'il s'agit de manipuler une masse de prisonniers. Un calme étonnant, presque de la douceur. Pas un geste de violence. Pas de coups.

Un à un, les malades quittent le KB.

Tous, les *mousoulmanes*, les chiasseux, les crevards, ceux qui s'appuient sur un copain pour marcher, les hâves, les dépenaillés, ceux qui sont en chemise et ceux qui sont vêtus, un homme nu, squelette encore vivant, yeux immenses dans un visage sans viande, côtes saillantes, fesses disparues à l'anus apparent, fémurs et tibias presque visibles, entrent en scène. La cour des Miracles, l'hôpital d'Auschwitz, déverse ses ruines, ses blessés, ses mendiants, ses infirmes, ses désespérés. Seuls manquent ceux qui n'ont plus la force de se lever. Les veinards ! Ils mourront dans leur lit !

Les choses sont claires. Ce que je pressentais arrive. C'est presque un soulagement. Enfin, on va en finir avec cette apparence de vie libre que nous avons vécue depuis une semaine tout en sachant que tout cela n'était que faux-semblant. Sept jours dans l'illusion d'exister. Les nazis ne pouvaient pas laisser Auschwitz intact derrière eux. La seule question qui se pose est : « Après notre exécution, liquideront-ils le camp aux explosifs ou aux lance-flammes ? Les moribonds seront-ils achevés à la grenade ou par le feu ? »

– *Eintreten !* Rassemblement ! On va vous évacuer !

Tu parles ! C'est la fin devant l'immense mur de la cuisine du camp. Je regarde mes co-victimes. Pas même dix d'entre eux ne pourraient faire plus de cent mètres sur la route.

– Face au mur ! Alignement par trois.

Dans tous les Lager, toute colonne en marche se formait par rangées de cinq. Chaque déporté connaît l'expression « *Zu fünft !* Par cinq ! ». Là, nous sommes trois par ligne. Pas besoin d'un croquis.

La masse d'hommes qui se renforce toujours avec les nouveaux arrivants dessine maintenant une mince file qui s'étire, immense et muette. Tout est immobile, sans souffle, sans pensée.

Les SS, mitraillettes pendantes, forment un demi-cercle qui cadenasse le groupe. Trois PM braqués maintiennent la foule sous tutelle.

Un sous-off s'avance, compte les rangées pour donner le change. Comptabilité en partie double, les futurs cadavres au débit et les morts au crédit.

Aucune panique. Chacun sait. Terminus, fin de section. Une troupe d'hommes termine sa vie ici, dans une rue enneigée sise dans le camp d'une ville au nom seulement connu, autrefois, de l'empereur d'Autriche. Le dernier chapitre d'une sale histoire va s'écrire là en lettres de sang que la neige va vite avaler.

Nous sommes tous frappés d'un incroyable sentiment d'indifférence. Fini ? Oui, une fois pour toutes, nous aurons notre statut définitif. Ne plus avoir à se battre, ne plus avoir à se sortir les tripes pour tenir. Ce n'est pas du courage, mais une insensibilité totale. L'attitude du joueur qui vient de perdre ses derniers francs dans un casino sinistre. Nous, nous n'avions que notre vie en jeu. Peu de chose en vérité. Banco ! Perdu. Rouge sang, impair et manque.

L'Ordre noir l'emporte. Et quel cadeau en prime ! Nous allons mourir fusillés comme des combattants, pas gazés comme des rats !

Tout ce que nous avons ressenti durant des mois, toutes les frayeurs, toutes les paniques, toutes les lâchetés, toutes les formes de courage, toutes les haines, tous les sentiments amicaux que nous avons éprouvés, toute la vanité de l'existence, tout le vide dans lequel nous baignons, tout va s'arrêter d'une seconde à l'autre. Dans cette situation, ou on chie dans son pantalon ou on domine définitivement la peur. Mes sphincters ont tenu.

Le tueur compte toujours en prenant son temps. Visiblement, il attend que tout le troupeau soit rassemblé.

– *Fünfzig! Fünfundfünfzig!* Cinquante, cinquante-cinq…

Qui a dit : « Attention! Plonge dès qu'ils tireront. C'est la dernière chose à tenter, la dernière chance » ?

L'autre avance et continue sa litanie, « *Sechzig!* », soixante.

Bruit de moteur. Une moto surgit, freine, fait jaillir sous ses roues un paquet de neige sale, s'arrête devant le chef du détachement.

Conciliabule. Messe basse. La messe des morts, sans doute. C'est inaudible. L'estafette salue, remonte sur son engin, repart. Les ordres tombent. Les SS se regroupent, s'alignent, partent. Le détachement s'éloigne.

Le long du mur, personne ne bouge.

Je me suis souvent demandé depuis si une telle scène « passerait » dans un film tant elle paraît invraisemblable. Ce n'est que plus tard, à Paris, que j'ai eu l'explication de cet épisode de la libération du camp. On m'a dit que tout détruire aurait nécessité du temps, beaucoup de temps, alors que les SS avaient les Rouges sur leurs talons. Les tueurs avaient reçu l'ordre de se replier. Et, à cette époque, les combattants russes n'étaient probablement pas très tendres avec leurs prisonniers SS, facilement identifiables par le tatouage de leur groupe sanguin sous l'aisselle gauche. Compte tenu des exactions pratiquées par les nazis en URSS, cette attitude de l'Armée rouge n'est pas des plus surprenantes.

L'attente se prolonge, le temps coule. Apparemment, les Vert-de-gris aux runes mortelles ne reviennent pas. Il faut aider les invalides à regagner leurs lits.

Dessert. Armand, Henri et moi retournons déguster un petit casse-croûte.

*

26 janvier. Block 19.

La nuit a été longue. Toujours l'éclairage chiche des lumignons. Et la tension est de retour. Au loin, l'horizon vibre.

Réveil ! Pas de SS. Le nouveau rituel s'installe. Bouffe, cigarettes, coup de main aux éclopés, faire bouillir de l'eau et vadrouille vers la cuisine : notre obsession.

Les Russes ne sont pas loin et les bruits des combats se font plus présents.

Lointain roulement de tambours : un tir d'artillerie. Le feu se rapproche. Mais pas un des Auschwitziens encore en vie ne pense qu'il peut mourir à la guerre. Personne ne commente d'ailleurs le retour des SS. Pour tous, plus ou moins consciemment, il allait de soi. Et rien ne dit qu'ils ne reviendront pas.

Pendant la guerre, la visite continue. Nous explorons, cette fois, le block des pompiers, des hommes à la fois déportés, soldats du feu et, à l'occasion, auxiliaires des tueurs dans le maintien de l'ordre. Un énorme tas de bottes forme une petite pyramide noire posée près d'un piano droit. Un piano au Lager ! Incroyable, mais vrai.

Henri s'installe sur le tabouret, tapote le clavier. J'ignorais que c'était un jazzman de talent. Il est vrai qu'au camp il n'était pas d'usage de savoir si le voisin de lit, en train de crever, jouait d'un instrument quelconque.

Il a du tonus, le bougre, ça swingue bien. Nous nous laissons bercer par le rythme syncopé.

Et la catastrophe resurgit. Un Allemand est là, planté dans l'ouverture de la porte. La musique s'éteint.

Le soldat n'est pas un SS, il arbore la cocarde de la Wehrmacht.

Bizarrement, la vue d'un « Wehrmacht » ne m'angoisse pas. A Grenoble, à la caserne de Bonne, c'était une sentinelle qui nous laissait pendant quelques minutes *Le Petit Dauphinois*, le journal local, pour que nous puissions nous tenir au courant de ce qui se passait au-dehors. Nous n'avions que le temps de lire les titres, mais ça suffisait.

Au Lager, alors que nous étions sur un chantier, sans aucune possibilité de planque, nous avons vu un jour approcher un uniforme et, ne distinguant pas la cocarde en raison de la distance, nous avons machinalement accéléré selon l'habitude imposée, dans le bruissement continu des « *Bewegung!* » en alternance avec notre « Vingt-deux » coutumier. Le soldat était en fait un homme de l'armée régulière, pas un SS, et, en arrivant à notre hauteur, sans ralentir, sans avoir l'air de parler, il nous a dit dans un français impeccable : « Doucement, camarades, doucement ! »

Autre réminiscence : j'ai vu l'exode de juin 40, sur les routes de France, inoubliables images de l'armée française en perdition.

Et voici, devant trois crevards d'Auschwitz, le frère de tous les combattants vaincus, toutes batailles et nationalités confondues. Le héros du Grand Reich est hagard, épuisé, sale, puant. Ses vêtements sont en loques et ses godillots invisibles sont enveloppés de chiffons.

L'homme nous demande si nous avons de quoi manger.

Ce jour-là, en vérité, j'ai été royal et lui ai donné un demi-pain.

Le tas de bottes entre dans son champ de vision et il interroge, d'une voix cassée, humble. Peut-il en prendre une paire ? Réponse affirmative. Il se débarrasse des morceaux d'étoffe qui couvrent ses pieds, se livre à des essais, trouve ce qui lui convient.

Il fait trois pas, sourit, remercie. Enfin un Allemand heureux en 1945. Le soldat fait un mouvement vers la porte, revient en arrière, s'adresse à moi en me tapant sur l'épaule.

– N'aie pas peur, mec ! Demain, les Russes seront là !

Fin du concert.

Avec Armand, je me retrouve ensuite à la cuisine. Nous remplissons des bouteilles d'une boisson douceâtre à base de fruits, qu'on appelle en yiddish *rojinnkevaïn*, un vin aux raisins de Corinthe que nous avons déniché.

Un long sifflement trouble l'opération, suivi d'une explosion très lointaine. Puis un autre suit.

– Tu entends ? Des obus ?

– Oui, ce n'est rien, me répond Armand. Ils tirent par-dessus nos têtes. On s'en fout, nous sommes dans le no man's land.

*

Samedi 27 janvier 1945.

Temps froid et sec. Un soleil d'hiver éclaire le camp.

C'est ce jour-là que j'ai la formidable idée d'enterrer des caisses de pâtes alimentaires devant le block 1. Oui, je me suis mis en tête que, si la situation se prolongeait, on manquerait de nourriture. Durant un temps que je ne puis définir, armé d'une pioche, je me suis battu contre le sol gelé. Le fer bondissait, me faisait vibrer les mains, et moi, acharné comme si j'avais un kapo sur le dos, j'ai continué à piocher. Pour finalement n'enterrer qu'un seul carton. Les Polonais, lors du pillage général du camp, ont dû penser qu'il y avait là un trésor.

Block 19. La puanteur perdure avec ses vieux complices, la crasse et la mort. A chaque palier, on meurt. Seul. En gémissant. En priant. En silence. Mais seul.

Un homme déboule de l'extérieur, les yeux fous.

– Les Russes ! Les Russes ! Les Russes sont là !

C'est un grondement qui se répercute de lit en lit, de mourant en mourant, d'éclopé en éclopé : « Les Russes sont là ! *Die Russen sind hier !* »

Tous les valides giclent vers l'extérieur, par la porte et par les fenêtres du rez-de-chaussée.

La rue en perspective sous le soleil brillant. Le long du block le plus éloigné, une file de soldats avance. Une patrouille. L'avant-garde d'une armée gigantesque que nous allons bientôt découvrir.

Ils marchent, à la queue leu leu, se couvrant mutuellement, presque invisibles dans ce paysage de neige sous le camouflage du drap blanc qui les coiffe, le doigt sur la détente des mitraillettes « à camembert », en raison de la forme ronde des chargeurs. Leurs mouvements sont prudents. Pour eux, c'est la guerre, et quelle guerre...

La rumeur gonfle : *Die Russen, die Russen !*

Les premiers pyjamas, qu'ils rejoignent enfin, hésitent brièvement et, rush irrésistible, sautent au cou des combattants.

D'autres uniformes apparaissent à l'entrée du camp, avancent, deviennent innombrables. Tout l'univers qui devait servir d'esclaves aux géants du Grand Reich défile devant nous : des visages asiatiques, des yeux bridés, des toisons noires, des soldats blonds aux pommettes hautes, des Ouzbeks, des Ukrainiens, des Biélorusses, des montagnards de l'Oural, des Caucasiens, des Tartares et des Mongols, des hommes des steppes et de la taïga, des habitants du désert et des soldats des glaces.

Les esclaves se portent visiblement bien dans

leur équipement d'hiver, avec leurs bottes de feutre et de cuir et les tenues de combat capitonnées.

L'hiver est leur élément, Napoléon en a fait l'expérience.

De tous les blocks, les crevards accourent. Certains, malgré le froid, à demi vêtus. Courbé jusqu'au sol par un mal indéterminé, un pyjama s'avance. Il grimace de douleur mais trottine vers les Russes, les touche, les palpe, baise le tissu des vestes d'uniforme. Les « Ivan » de l'Armée rouge, souriants, regardent.

Des détenus, enfermés depuis des années, des reliques de tous les Saxo, Buchenwald, Oranienburg, Flossenbürg, Gross-Rosen et autres Neuengamme, des êtres qui ne savaient plus pleurer, éclatent en sanglots. Une rumeur incompréhensible faite de mots allemands, français, magyars, flamands, polonais, un jargon fou, un chant, une mélopée sans musique dont personne ne connaît les paroles, court entre les hommes.

Le matin du 27 janvier, j'ai vu des morts redevenir vivants, du moins en apparence. Ils se parlaient ! « Il y a un temps pour aimer, un temps pour haïr, un temps pour vivre et un temps pour mourir… » A cet instant, très bref, tous les pyjamas d'Auschwitz, toutes origines confondues, les Noirs, les Rouges, les Violets, les Roses, même les rares Verts non gradés restés sur place, les Juifs et les chrétiens, les Hongrois et les Polacks, les Français et les Allemands, les Tchèques et les Hollandais, les communistes et les nationalistes, les délirants, les raisonneurs, ceux qui, libres, allaient crever et ceux qui tenaient encore debout, tous ceux-là et tous ceux que j'oublie se sont aimés.

C'est maintenant un flot de soldats qui se déverse sur le Lager.

Certains taulards vont et viennent, refusent l'évidence, alignent toujours des mots sans suite. Je n'ai jamais vu depuis des regards pareils. Jamais. A quoi s'ajoute l'incrédulité.

– Tu crois vraiment qu'on est libres ?

– Ce sont des Russes ? Tu en es sûr ?

– Et les SS ? Où sont les SS ?

Et l'homme, méfiant, retourne près des soldats, essaye de leur parler en français, en allemand. Le troufion ne comprend rien, sourit et se laisse embrasser ou serrer entre les bras maigres des garçons qu'il vient de sortir d'un charnier.

Dans un coin, deux anciens règlent leurs comptes à coups de poing avec un troisième homme. Gueule en sang, l'autre réussit à s'éclipser et disparaît dans la houle qui bouge et gronde dans tout le camp central. Des règlements de comptes, il y en aura d'autres. Malheur (ou bonheur… question de point de vue) au kapo, au mouchard répertorié ou au chef de block qui tombera entre les mains des libérés. Personne ne peut impunément se tremper dans le sang des autres et en sortir sec. « Un temps pour aimer et un temps pour haïr… »

Mais la guerre, paraît-il, continue et les gradés de l'Armée rouge récupèrent leurs hommes puis s'en vont. Un détachement important reste cependant sur place.

Le soir venu, personne n'a envie de se coucher.

Je traîne avec Simon qui est venu se joindre à notre clan. Certains ont déniché de l'alcool venu je ne sais d'où et boivent[1]. Un Russe déguste au goulot le contenu d'une bouteille d'eau de Cologne, sans doute issue des colis de la *Paketstelle*. Un soldat se verse de la Bénédictine dans un verre à eau. Tout ce qui a un goût de schnaps trouve preneur immédiatement, mais ça n'ira pas loin. Ce qui domine, c'est une folie froide que l'on ne peut décrire. Le passé, hier seulement, colle à la peau. Passer du peloton d'exécution à la liberté, sans transition, vivre sa condamnation à mort en permanence et être amnistié, sans apprentissage, est insupportable pour la sensibilité humaine, et la joie reste cadenassée par un avenir immédiat que l'on ne peut prévoir. Le

1. L'alcool a toujours existé au camp, toléré par les SS pour les kapos et autres séides. Officiellement, il n'en était pas question. Le trafic passait par les *Meister*. Malheur au déporté de base si son haleine sentait l'alcool.

27 janvier 1945, des condamnés à mort ont enfin vu mourir la mort. Vœu exaucé.

*

Camp central. 28 janvier.

Une énorme déflagration réveille le camp et lance les hommes dans la rue.

Certains affirment que c'est un obus qui vient d'atterrir à l'angle du « 21 », d'autres prétendent que les Russes viennent d'ouvrir un passage dans le mur du Lager.

Auschwitz, en dehors du réseau de barbelés électrifiés montés sur des pylônes de ciment, possédait une seconde enceinte, un mur de béton.

Les Russes ont crevé la muraille d'une énorme ouverture et ce sont maintenant des convois militaires qui traversent le camp. L'approvisionnement de la troupe monte en ligne sur les carrioles typiques de l'Est européen, ces voitures d'antan avec des ridelles latérales faites d'échelles placées en longueur, le tout tracté par de petits chevaux blancs (on m'a dit que c'était des sibériens) ferrés à glace. En tout cas, les bêtes courent à une vitesse folle sur le sol verglacé. Pas de camions. Je découvrirai les GMC et les Jeep, produits de l'aide américaine, quelques jours plus tard sur la route de mon nouvel exode vers Cracovie, voitures aux moteurs démolis par le gel. Les animaux, eux, semblent se moquer du froid. Grande animation dans les rues. Taulards et soldats fraternisent toujours.

Arrivent les pillards polonais de l'extérieur. Ils débarquent, par dizaines, sur des traîneaux tirés par de gros chevaux après avoir traversé la Zola prise par la glace. Je me suis demandé par quelle température nous avions été libérés pour que la rivière permette le passage, sans risque, de charges aussi importantes.

Pour les Polacks, c'est jour de fête. Un second Noël fin janvier avec des monceaux de cadeaux à portée de main. Les traîneaux repartent, bourrés de vêtements, de chaussures, de nourriture. Les Russes laissent faire et la noria se poursuit sans trêve.

Simon bavarde avec un officier russe et joue les traducteurs pour moi.

– Est-ce que les Allemands peuvent revenir ?

Je me souviens encore de l'énorme éclat de rire du gradé.

– Jamais jusqu'où ils sont allés, mais ici, oui, ils peuvent revenir. Ils sont à trois kilomètres environ.

La chance ne repasse jamais les mêmes plats deux fois. Plus il y aura de distance entre les Allemands et moi, et plus je serai tranquille. Je décide de me diriger vers l'arrière, de quitter le camp, et en avise Simon. Il se range à mes arguments.

Nous demandons à mes deux compagnons habituels de partir avec nous, direction la Vistule, c'est-à-dire Cracovie. Refus. L'euphorie d'Henri est totale. Il fraternise avec les soldats et se moque de ma frousse. Armand le suit.

Adieux rapides. Promesse de nous retrouver à Cracovie dès qu'ils se décideront à partir.

Simon, qui a exploré tout le camp, me signale qu'il a préparé une valise contenant de la saccharine qu'il a trouvée je ne sais où.

– Et qu'est-ce que tu veux en faire ?

Pour lui, je ne suis qu'un gamin sans expérience, ce qui est d'ailleurs parfaitement exact.

Cours d'économie dans une rue d'Auschwitz. Simon m'explique.

– Nous ne possédons rien, toi et moi, et nous allons nous retrouver dans un pays ravagé par la guerre où tout manque. Tu crois qu'ils ont du sucre en rab, les Polacks ? Eh bien, en vendant la saccharine, nous pourrons nous nourrir et nous loger.

– Cracovie est à soixante bornes. Les routes sont gelées. Tu t'imagines qu'on va marcher à l'aise avec une valoche à la main, à l'arrière de la ligne de feu ? Dis, Simon, tu joues les congés payés sur le front de l'Est ?

Il se range à mes arguments en soupirant.

– Dommage, tu verras que j'avais raison. Mais une valise… soixante kilomètres… En plus, j'ai trouvé des caisses bourrées de Reichsmark. Mais c'est une monnaie qui ne vaut plus rien. Je n'en ai même pas pris un.

Dernier coup d'œil à la foule, à l'agitation des hommes ivres de leur liberté toute neuve, et nous sortons par la brèche. Je suis entré à Auschwitz par la porte surmontée de « *Arbeit macht frei* », j'aurais pu quitter le camp par la cheminée et j'en sors par la muraille défoncée pour m'engager à pas prudents sur la glace de la rivière que les traîneaux lacèrent sans cesse de leurs patins.

Sans s'occuper d'autre chose, les habitants du coin mettent le Lager à sac. Quelle aubaine !

Toute libération est un arrachement, une mort, une renaissance, même lorsqu'on sort d'Auschwitz.

L'arrachement, c'est l'adieu à mes compagnons qui ne reviendront pas. Je sais que j'ai vécu moi aussi une vie antérieure qui s'est terminée ici et que maintenant il va me falloir tout recommencer. Une renaissance ? Sûrement, encore faudrait-il que j'en découvre le mode d'emploi, s'il existe.

Je sors d'Auschwitz et je n'éprouve aucune euphorie, seulement un dégoût immense tempéré par un sentiment confus de triomphe. J'ai gagné la guerre. Je vis. C'est tout. Que peut ressentir un homme pris dans une éruption volcanique quand, sans préavis, le volcan s'éteint ?

Direction : Auschwitz-ville.

Bizarrement, je n'ai aucun souvenir de la cité. Rien, pas une image. Il faut dire que, dès la sortie du camp, Simon fait la connaissance d'un Polonais qui nous offre l'hospitalité. Nous avons donc dormi et pris notre premier repas d'hommes libres chez lui. Il avait, nous a-t-il dit, effectué un long séjour en prison allemande pour avoir donné un peu d'eau à un déporté.

Je suis né à Varsovie mais je ne parle pas le polonais, langue que ma hâte d'apprendre le français a très vite effacée de ma mémoire. Je ne retrouve que des mots isolés du style : bonjour, au revoir, merci, ce qui m'évite de prendre part à une conversation qui, de toute façon, ne m'intéresse pas. Je n'ai rien à dire aux vivants.

Être libéré ne signifie pas être libre. Je réalisais mal que j'avais un fil à la patte, lien qui s'allongerait au fur et à mesure de ma marche vers la normalité. Mais il était là, invisible, impalpable, me ramenant sans cesse à des flashes incontrôlables. Une odeur ? Et ça repartait, vers les rangées de châlits et leurs parfums insoutenables. Une gueule ? Et revenait aussitôt le visage d'un garçon croisé au Lager. Une couleur ? Auschwitz dans ma mémoire était gris, couleur anthracite, mais les uniformes avaient une teinte, le ciel, la terre, les outils, les miradors, les armes possédaient leurs nuances et émergeaient de la grisaille installée dans mes pensées.

Toutes ces années après, cette chaîne, je la trimballe toujours avec moi. Elle me suit dans Paris, dans mes voyages, dans mes rencontres. Personne, hormis ma femme, n'en a connaissance. C'est elle qui bénéficie de mes cris lorsqu'il m'arrive, la nuit, de me réveiller en hurlant.

Combien de fois, en automne surtout, lorsque le ciel redevient couleur de plomb, que l'humidité pèse sur la ville et rabat ses puanteurs, m'arrive-t-il de dire : « Ça sent Auschwitz ! » Combien de fois, la vue d'un enfant, surtout des tout-petits, me ramène-t-elle, bouleversé aussitôt, à Birkenau et à la destruction de ceux du ghetto de Lodz à laquelle j'ai assisté presque entièrement dans sa durée : les neuf derniers jours du mois d'août 44. Pendant des années, je n'ai pas pu manger de pommes de terre en robe des champs. Accourait aussitôt l'image du repas du dimanche et de ses patates. Et ainsi de suite… Dans ma vie professionnelle, dans ma vie affective, avec mes amis, mes intimes, mes femmes, le Lager a été, est sans cesse, présent, partout, mais pour moi seul.

Tous les survivants des camps sont ainsi, bien que certains, peu nombreux, aient littéralement effacé de leur mémoire consciente ce qu'ils ont vécu. J'ai eu des amis qui ne se souvenaient absolument de rien, aucun événement dans lequel ils étaient impliqués n'avait laissé de traces visibles. Je dis « visibles » car l'inconscient n'efface jamais rien.

Il l'enterre. Mais les cadavres invisibles existent toujours. Et alors, bonne nuit les cauchemars… les spectres sortent de leurs tombes.

*

29 janvier.

Nous avons remercié notre hôte et pris la direction qu'il nous indiquait pour Cracovie.

Et voici, autour d'Auschwitz, la campagne couverte de neige, la longue voie brillante sous sa couche de glace : des bêtes mortes gisent sur la route, les pattes raides, les tripes coulant des ventres ouverts et formant des serpents roses figés par le gel.

J'aime les animaux de ferme, en particulier les chevaux. Souvenirs d'enfance… Ces carcasses éventrées éveillent en moi un sentiment de pitié que je ne me connaissais plus à l'égard des humains. Un long trajet désert avec, par endroits, les traces des récents combats, des camions démolis dans un fossé, un char russe ouvert en deux comme s'il avait été fendu par une hache géante. Notre marche est prudente, lente. La chaussée est glissante. *Strassenbau*… kommando d'entretien des routes, salut ! Il n'y a pas de Dompteur sur le chemin de Cracovie, pas de hurlements, pas de *gummi*, pas de coups de poing, pas de manches de pelle, seulement des images nouvelles qui nous arrivent en pleine gueule, des flashes d'ombres, d'hommes qui viennent vers nous.

Nous croisons des convois russes qui montent vers le front. Nous marchons de plus en plus lentement. Rien ne presse. Il faut dire aussi que nous ne sommes pas très vaillants. Chaque pas nous éloigne des Allemands et, pour moi, c'est la seule chose qui importe.

Notre Polonais d'Auschwitz nous a dit que nous devions traverser la Vistule.

Un paysan nous renseigne sur notre route et nous précise que nous trouverons un pont sur le fleuve à une demi-heure de marche.

Nous sommes engagés dans un sous-bois. Me reviennent en mémoire les récits entendus dans mon enfance polonaise sur les immenses forêts et leurs loups. Mais, ce jour-là, je suis invincible et, loups ou pas, rien ne peut me toucher.

Rencontre : un petit détachement de l'Armée rouge sous la conduite d'un officier.

Simon fait signe au gradé et, après avoir expliqué d'où nous venons, l'interroge : « Y a-t-il des Allemands, par là ? » Le Russe sourit.

– Oui, mais ils sont tous morts.

Ce n'est qu'à Cracovie que j'ai réalisé l'imprudence de notre départ. En dehors de nos crânes rasés et de nos tatouages sur l'avant-bras, rien n'indiquait que nous étions des déportés. Nous n'avions, évidemment, pas le moindre document d'identité. Eh bien, durant une marche qui a duré plus de cinq jours, en pleine zone de guerre, en contact avec les soldats russes, entre autres pour dormir, dans l'hinterland immédiat d'un front gigantesque, personne ne nous a rien demandé.

Pour atteindre le fleuve, nous marchons plus de deux heures avant de voir la Vistule et ne trouvons, en fait de pont, qu'un bac.

C'est au milieu de glaçons énormes flottant sur l'eau que nous traversons. J'en profite pour rater la berge et prendre un bain de pieds forcé. Le passeur nous indique sa maison, et c'est devant un feu de bois que j'attends que mes chaussettes et chaussures soient de nouveau sèches. Quant à la femme du batelier, elle nous fait boire un bol de lait chaud. Un goût aussi moelleux ne s'oublie jamais.

Marche. Les villages polonais ressemblent sous la neige à des décors de cartes de Noël. Pas de traces visibles de la guerre en dehors de ma première Jeep couchée sur le flanc. Jamais vu de voitures pareilles.

C'est janvier, les journées sont courtes. Il faut trouver un abri pour dormir. De plus, hormis le lait, nous n'avons rien mangé depuis ce matin.

Et c'est encore Simon qui résout le problème lorsqu'il aperçoit un poste militaire sur le bord de la route.

Les soldats appartiennent à une unité de circulation routière chargée, comme dans toutes les armées du monde, de diriger les convois vers le front.

Bavardages. Ils nous offrent de dormir sur la paille avec eux et nous font aussi profiter de leur repas, patates au lard. C'est là que je découvre la *machorka*, l'effroyable tabac russe. Après le repas, roulées dans un morceau de papier journal sorti je ne sais d'où, les Ruskofs nous font l'offrande de leurs « cigarettes ». Mes bronches n'ont jamais oublié ça, jamais !

Le poste est occupé par des hommes qui ne sont plus de première jeunesse.

Nous en rencontrerons d'autres, des anciens, mal équipés, certains portant le vieux casque à pointe de l'ancienne armée, visiblement des non-combattants chargés des tâches subalternes. La terrible saignée subie par les Russes fait qu'ils ont dû rappeler des classes âgées.

Simon bavarde avec les tringlots, traduit. Le plus vieux de la bande sort des photos de sa famille et nous les montre avec un grand sourire.

La fiesta continue puisque le papy prend un petit accordéon et joue jusqu'à l'heure de la relève de ses équipiers sur la route.

*

30 janvier-3 février. La route.

Fatigue et euphorie.

Grâce à nos nouveaux copains du poste russe, nous embarquons sur une des carrioles que j'ai admirées à Auschwitz.

Ce sont des véhicules incroyables. Ils glissent, dérapent, se redressent, ripent à nouveau et foncent vers l'est, notre direction. Chargés de caisses, de sacs, ils embarquent aussi les paysans qui n'ont pas d'autres moyens de transport et les Ivan vous larguent au bord du chemin lorsqu'ils n'ont plus envie de vous voir dans leurs carrosses. Mon image des Russes : des hommes chaleureux, capables du meilleur mais aussi d'un laxisme inimaginable pour un Occidental. Je commence à comprendre le sens du mot *Nitchevo*!

Nous continuons à pied. Cette nuit-là, nous dormons chez des Polonais dont la salle à manger s'ornait de la photo de leur mariage, prise en France, à Saint-Denis dans la banlieue parisienne, où ils avaient travaillé pendant des années. Au repas, je retrouve la *cacha*, le blé noir de mon enfance. Rarement vu un couple aussi chaleureux.

La marche se poursuit, coupée par des haltes nocturnes avec les soldats. Et le 3 février, au matin, nous entrons dans la banlieue de Cracovie.

La route est devenue rue. Une longue voie couverte de neige sale sous un ciel gris.

Il fait jour et nous sommes seuls en mouvement. Une ombre paraît, grandit, se rapproche. Une femme. Pas un épouvantail squelettique de Birkenau, pas une mémé polonaise plus large que haute, non, mais une silhouette fine qui se découpe dans la grisaille. Elle vient vers nous, chaussée de petites bottes qui s'arrêtent à mi-mollets. Enveloppée dans un manteau de fourrure, elle porte une chapka fourrée, elle aussi, d'où émerge une boucle blonde qui vient échouer sur son front, et elle avance droit sur nous. Son visage est maquillé, ses lèvres rouges s'entrouvrent sur des dents blanches. A notre hauteur, elle sourit. Une femme qui sourit à deux fantômes en balade ! Une femme, vraie, en chair et en os, en chair surtout, une mère, une amante, une sœur, une épouse, une amie, une confidente, une pute, une sainte. Moment inoubliable, illumination. C'est là, sept jours après l'arrivée des Russes, que j'ai réellement quitté physiquement le Lager en voyant cette fille qui m'a offert un somptueux cadeau sans en être consciente, une des plus belles érections de mon existence. J'étais en vie.

Bref salut d'un geste de la main. Cracovie s'ouvre devant nous.

Une ville. Une vraie, pas la fausse cité du Lager. Ce sont des maisons qui arrivent sur nous, pas des blocks. Des immeubles où on peut s'aimer, travailler, rêver et non craindre d'être éjecté sur-le-champ, selon les désirs et les besoins des SS. Ici, les rues sont libres, ornées de lampadaires, sans projecteurs, et n'ont pas la perspective fermée par une muraille. Chaque carrefour peut être traversé sans danger, sans une rangée de gardes qui embarquent les objets à gueule humaine pour un transport à l'autre bout de l'enfer. Des soldats, il y en a ici, mais ce sont des libérateurs. Des hommes à brassard mais sans l'inscription maudite de *Kapo*. Pas de barbelés, pas de mitrailleuses en batterie dans l'enfilade de la chaussée.

Simon arrête un passant. L'autre parle le français. Une de nos découvertes : le nombre de Polonais qui maîtrisent notre langue. Réponse à nos questions : l'homme nous donne une adresse et nous oriente vers le commandant de la place.

Nous sommes reçus par un officier de l'armée polonaise qui se bat aux côtés des Soviétiques. Il y a, à cette époque, trois armées polonaises engagées contre les nazis. Les hommes d'Anders, dans des unités formées en Angleterre, qui ont chèrement payé à la bataille de Cassino, en Italie, et dans la poche de Falaise, en Normandie ; la troupe formée sous commandement soviétique qui marche sur l'Allemagne à l'est ; et l'AK, la Résistance nationaliste, l'armée de l'intérieur.

Le Polonais nous parle dans un français correct, nous écoute.

Verdict : « Je ne peux rien faire pour vous ! Je n'ai pas d'instructions. Mais allez à cet endroit, ils pourront peut-être vous aider. »

L'adresse donnée correspond à une caserne. La sentinelle nous laisse entrer.

C'est effectivement un casernement. Première surprise, on n'y parle que le russe. Tous les hommes présents sont dans leur immense majorité des anciens prisonniers de guerre. Je retrouve une odeur du camp, celle des hommes entassés entre eux, une atmosphère moite que j'exècre, les gueules des triangles noirs, et, immédiatement, le bâtiment se métamorphose en block pour moi.

Simon m'explique, mais j'avais déjà compris, que nous n'avons rien à faire ici. Repli vers la porte.

– *Niet*, dit la sentinelle en croisant la baïonnette. On ne sort pas.

Nous sommes pris au piège. Panique : nous n'avons fait que changer de prison.

Inutile d'insister, nous faisons demi-tour et entreprenons une longue exploration des lieux. Nous fouinons partout et dénichons dans la grille qui ceinture la caserne, à l'opposé de la porte, des barreaux qui ont été écartés. Je passe. Simon suit. Vive le laxisme soviétique ! Ouf !

Sans le savoir, nous venons d'échapper à la Sibérie qui a été la destination finale de tous les prisonniers ou internés de l'immense Russie, libérés par l'offensive de janvier 45. Staline a tenu un raisonnement très simple, ou plutôt simpliste selon son habitude : puisque ces hommes avaient survécu au traitement infligé par les nazis, c'est qu'ils avaient collaboré. Donc, pour les ex-détenus des Allemands, cure de remise en forme du côté de la Kolyma ou de Novossibirsk.

Il suffit de m'imaginer tentant d'expliquer à un flic russe, en temps de guerre, que je suis polonais de nationalité, que je viens de Grenoble, en France, *via* Auschwitz, et que je n'ai qu'une hâte, trouver un coin où me poser, en attendant de partir pour Paris.

– *Da, da, tovaritch!* Tu n'es pas bien chez nous ? Bon, on va s'occuper de toi. Tu vas rentrer à la maison, dans… vingt ans !

Retour à la case départ.

Un second gradé nous reçoit, écoute notre histoire, nous donne une autre adresse.

– C'est un centre d'accueil pour les Juifs, au 34, *ulica* (rue) Dluga.

Un peu plus méfiants, cette fois, nous examinons le bâtiment avant d'entrer. C'est un banal immeuble d'habitation.

Un homme se tient derrière une table installée près de l'entrée. Il reste muet durant nos explications.

– On va vous donner à manger et vous aller dormir ici. Demain on verra ce qu'on peut faire.

Le centre d'accueil n'est qu'un immense appartement entièrement vide. En dehors de la table et d'une chaise, pas un meuble, pas un autre siège.

J'y ai repensé plus tard, lorsque j'ai rencontré des Juifs survivants du massacre. Le judaïsme de l'est de l'Europe, l'immense savoir des dix millions d'hommes « yiddishistes » ou « yiddishophones » qui vivaient entre Baltique et mer Noire, entre Rhin et océan Pacifique, était la copie conforme de cet appartement, « centre d'accueil » vide, immensément vide, vide pour l'éternité. Car jamais, malgré les efforts de certains, le yiddishisme ne renaîtra. Maintenir des bibliothèques, essayer de sauvegarder cette langue inimitable par ses locutions, sa dérision dans la forme, sa richesse de formules faites de tous les apports européens est certes louable, mais vain. Le terreau, le shtetel, les *klezmourim* (pas leur pâle imitation américaine normalisée appelée « musique klezmer »), les baladins, ces étonnants musiciens qui n'avaient jamais appris une note de solfège et qui étaient les maîtres du folklore de l'Europe centrale et orientale tous pays confondus, ces vieux rabbis qui ne vivaient que pour l'étude des textes religieux et leur enseignement aux enfants, ces merveilleux formateurs d'hommes qui ne connaissant rien à la psychologie la réinventaient tous les jours, ces « *yiddishe mamèss* » qui transmettaient les traditions, les contes et histoires aux bambins, bref, tout le passé, toute la dynamique, toute l'intelligence d'un peuple (et c'en était un) avaient disparu. Le judaïsme européen de l'Est n'existe plus. Un immense appartement, vide, immensément vide, voilà ce qu'il en reste[1].

Assis à même le sol, Simon et moi dégustons notre morceau de pain. Ce sera tout notre repas. Pour lit… le parquet. Comme nous sommes les premiers occupants du centre d'accueil, il est encore propre.

*

4 février. Cracovie.

Découverte de la ville. Nous n'avons aucun argent et retourner rue Dluga ne nous enchante pas.

Quelqu'un nous a parlé du couvent du 2, *ulica* Smolenska, tenu par des religieuses qui s'occupent des réfugiés de Varsovie. Dans Cracovie, intacte, il est difficile d'imaginer que toute la Pologne urbaine est pratiquement par terre et que les réfugiés sont innombrables.

1. Le yiddish est encore parlé dans quelques coins de Paris. Il est vivace dans certains quartiers new-yorkais et chez les religieux intégristes israéliens pour qui l'hébreu reste la langue des textes sacrés et le yiddish leur langue quotidienne. Mais l'arbre, sans terreau, ne donne plus de fruits.

On s'oriente et voici la rue de Smolensk.

Nous racontons notre voyage depuis le Lager et une religieuse, souriante, nous explique que nous pourrons déjeuner là. En dehors de leurs activités cultuelles, elles essayent de nourrir des hommes et des femmes de Pologne qui n'ont plus, comme Simon et moi, que leur peau pour capital et l'errance comme finalité.

– Vous pourrez venir déjeuner tous les jours ici.

Repas frugal, mais suffisant. Simon demande si nous ne pourrions pas dormir là, dans le réfectoire, sur les bancs. Accordé.

Et nous y resterons les quelques jours qui vont précéder la « location » de notre appartement par la professeur de français dont j'ai déjà parlé.

Une des religieuses m'a pris en sympathie et m'apporte toujours un peu de rab lorsque j'ai achevé mon plat.

Explication : je ressemble à son jeune frère disparu après son arrestation par les Allemands. Les larmes lui montent aux yeux lorsqu'elle en parle.

Pour remercier les *Frangines*, comme Simon les a baptisées, mon équipier et moi les aidons dans de menus travaux et nous nous spécialisons dans la découpe d'énormes quartiers de viande de cheval dont elles se servent pour leur cuisine, ouvrage que, visiblement, elles répugnent à faire. Ce qui nous permettra, ultérieurement, avec leur accord, d'emporter chaque soir un peu de bidoche que nous partagerons, dans notre palace en ville, avec Armand et Henri lorsque, lassés d'être au camp, ils se seront décidés à leur tour à prendre le trimard.

Nous avons découvert, dans le hangar où nous découpons les bêtes, des tonneaux où les religieuses laissent macérer les merveilleux cornichons polonais, ainsi qu'un autre récipient plein de vinaigre dans lequel baignent des tomates vertes. Quel délice !

Cracovie... Nous y resterons près de trois mois puisque nous ne prendrons le train pour Odessa que dans les tout derniers jours d'avril.

J'ai assisté, dans cette ville, au passage à l'économie marxiste. Rien de plus simple. Le gouvernement polonais provisoire a décrété un beau jour un échange massif des billets de banque en circulation, de façon à éponger les sommes énormes des divers trafics liés à l'occupation allemande et à tenter de bloquer l'inflation.

Donc, un beau matin de février ou mars, ordre est donné aux Polonais de déposer tous leurs avoirs en liquide dans les banques.

Rien n'est confisqué, il ne s'agit que de dépôts. En échange d'un reçu, chacun repart avec, en plus, la somme de 500 zlotys, la monnaie locale. Résultat : tout le monde est sur le même pied et il ne reste à chacun, pour survivre, qu'à se mettre au travail.

Qu'ont fait les innombrables réfugiés européens dans Cracovie ? Leur devoir… Les Polonais les suppliaient de changer 500 zlotys pour leur compte. Comment refuser pareil service lorsque celui qui vous demande de faire le change pour lui vous offre la moitié de la somme ? Chacun changeait le montant imposé et repartait avec 250 zlotys. Le pactole… Pas un déporté, prisonnier, ou autre, de quelque nationalité qu'il fût, n'a refusé. Et pour cause… Avec quoi voulez-vous vivre lorsque, bourse plate et bon appétit, on salive en passant devant les étals des marchés ? J'avais pris goût à la viande de cheval mais l'échange des billets nous a permis d'améliorer l'ordinaire.

Autre aventure financière. Mais plus tard.

La ville regorge de flots humains qui ne font que s'accroître au fur et à mesure de l'offensive russe vers la frontière allemande du côté de Gleiwitz. Car la guerre continue…

Cracovie, pour tous les libérés, n'est plus qu'un pôle magnétique où la liberté retrouvée peut se transformer en rapatriement.

Les autorités locales ont donc imaginé la solution au problème : offrir un sauf-conduit à tous ceux qui voudraient quitter la ville, papier accompagné d'un pécule qui était, me semble-t-il, de 200 zlotys.

Pour faciliter leur travail et éviter des queues monstrueuses, les Polonais avaient réparti leurs bureaux par ordre alphabétique, mais à des adresses différentes. L'idée était belle, déverser le trop-plein cracovien sur les villes ou les campagnes voisines. Mais il y avait un hic ! Personne ne possédait de pièces d'identité et même ceux qui en avaient prétendaient les avoir égarées. On peut imaginer le résultat sans pouvoir le chiffrer car les changements de noms étaient permanents. Vous étiez Dupont un jour et le lendemain, dans un autre bureau, vous deveniez Masson ou Tessier. La mesure a dû être abrogée très vite.

A propos de finances, la plus curieuse histoire vraie de cette époque est celle de Doublepatte et Patachon. Bien entendu, ce ne sont pas leurs noms dont je ne me souviens plus.

Des personnages picaresques, on en trouvait même à Auschwitz.

Ces deux hommes, je les ai vus entrer, fin octobre, au camp, menottés et conduits par un SS.

C'était la première, et unique, fois que je voyais des prisonniers arriver individuellement sans faire partie d'un convoi.

Il s'agissait de deux Juifs de Paris qui, pour échapper à la déportation, avaient eu l'idée de partir comme travailleurs volontaires en Allemagne[1]. Les choses ne se passent pas trop mal et nos Gribouille deviennent conducteurs de bus en Bavière.

Jusqu'au jour où les deux oiseaux se lancent dans un trafic alimentaire pour améliorer leur ordinaire, comme font tous les prisonniers et autres STO.

A une des haltes desservies, un marchandage se termine mal et un homme dit :

– Regarde son nez, c'est un Juif.

Simple façon de parler. L'habitude, sans doute, car l'autre ne savait rien de leur origine. Un mouchard de la Gestapo entend la phrase et transmet aux flics. Et voici Doublepatte et Patachon au Lager.

Ils ne font pas l'Évacuation, survivent et décident, lorsqu'ils quittent le camp avec un groupe d'hommes, d'emporter un chariot bourré de vêtements. Et les voici en route, pour une promenade de soixante kilomètres, en tirant (je crois qu'ils étaient une dizaine) un *Rollwagen*, le chariot typique du camp (toujours tracté par des pyjamas) qui servait à tout, à apporter la soupe sur les chantiers lointains, à emmener les morts, à balader le matériel.

1. Je connais un homme dont la famille, pour échapper aux rafles et à la déportation menaçante, s'installa, après le bombardement de l'usine Renault, à Boulogne-Billancourt déserté, pensant que personne ne viendrait l'ennuyer là. Ils ont tous survécu à la guerre sans dommage.

La marche vers Cracovie n'est pas facile sur le verglas. On comprend donc aisément que, un à un, les compagnons épuisés de Doublepatte et Patachon les aient abandonnés au fur et à mesure de leur avance.

A l'entrée de Cracovie, ils ne sont plus que deux. Ils tombent sur un Polonais qui leur achète toute la cargaison d'un coup. Chance : l'homme est honnête et les a payés dans la nouvelle monnaie en circulation. Alors que des rescapés qui fourguaient leurs vêtements ont souvent été réglés en monnaie de singe, celle qui n'avait plus cours.

Nos deux brigands ont fait comme tous les autres rescapés de la guerre à Cracovie. Ils ont attendu le rapatriement. Sans impatience. Avec le produit de leur vente, ils se sont installés à l'hôtel Europeiski, un des meilleurs de la ville, prenant chaque matin leur petit déjeuner au lit.

Quelques années plus tard, dans l'escalier mécanique du métro Strasbourg-Saint-Denis, j'ai croisé Doublepatte. Il avait l'air assez paumé, presque misérable. Certains hommes ne sont grands que lorsqu'ils sont dans la merde.

Longue dérive dans Cracovie.

Rencontres. Ragots. Certains organismes officiels acceptent de prendre du courrier, me dit-on.

J'écris une lettre à mes parents[1], trouve l'immeuble de la Croix-Rouge polonaise (Polska Czerwony Krzyz), *ulica* Swienta Anna (rue Sainte-Anne), et y remets un courrier à destination de Paris. Ne sachant rien de ma famille, je l'envoie à sa dernière adresse parisienne. Une bouteille à la mer.

Balade hivernale dans une ville superbe. Je découvre les lieux de culte innombrables et l'incroyable foi des Polonais.

Un jour de grand froid, je me réfugie dans une église, stupéfait de la trouver bourrée à craquer. Je n'ai jamais oublié la mélopée du prêtre :

– *Swienta Maria, matka boza*… Sainte Marie, mère de Dieu…

Et les répons de la foule, tête basse, dans le clair-obscur de l'édifice :

– *Modl sie za nami !* Priez pour nous !

Un dialogue permanent, dont les paroles formaient un curieux chant, sans musique, qui enveloppait les hommes et les femmes dans une ferveur presque palpable.

D'autres rencontres : une femme m'aborde, me parle en allemand, et me propose de faire « *fick-fick* » avec elle. *Fick-fick ?* D'accord, j'ai compris. Visiblement, c'est une prostituée en

1. Cette lettre est arrivée en juillet, soit deux mois après mon retour. Je l'ai retrouvée dans les papiers de ma mère, après son décès.

retard sur l'actualité et qui semble ignorer qu'il vaut mieux apprendre le russe maintenant. Si je lui explique dans quel état physique je suis, elle va croire que je me moque d'elle.

Je lui fais comprendre, souriant, que je suis fauché. Elle hausse les épaules, m'injurie en polonais. Un très joli répertoire d'insultes et d'injures de tout l'Est européen qui m'apprend ce qu'elle pense de ma mère, de moi, de tous mes ancêtres. Mentalement, je l'envoie se faire fick-ficker toute seule.

Des gueules connues déambulent sur le Rynek. Je retrouve quelques visages du Lager qui se sont décidés à partir eux aussi. Ils me racontent que les Russes ont pris les choses en main et s'occupent de soigner les invalides cloués au camp.

Des hommes arrivent de Katowice et de la région frontalière avec l'Allemagne. Des STO et des prisonniers surtout. La plupart des kommandos de pyjamas, détachés dans les mines de Haute-Silésie, ont pris la route du Reich.

Curieusement, en dehors de la gamine du block « 1 », je ne me souviens pas de femmes libérées. Je sais qu'il y en a eu, peu, à Birkenau. Les SS avaient procédé à de nombreux départs en transport dans les semaines qui ont précédé l'arrivée des Soviétiques. Au camp central, je n'ai pas vu de filles. En fait, mes souvenirs de cette époque sont tous liés à une communauté masculine.

Dans ma mémoire, sur le *Bergensfjord*, il n'y avait pas non plus de femmes.

C'est l'époque où j'ai retrouvé des survivants juifs du grand massacre. Peu nombreux et pratiquement sans enfants. Ces rescapés sortaient des camps ou revenaient d'URSS où ils s'étaient réfugiés lors de l'attaque allemande. Bien entendu, après le stage obligatoire en Sibérie, les valides avaient été mobilisés dans l'armée polonaise en formation à l'est, les autres avaient surnagé en vivant misérablement d'un salaire misérable, logés d'ailleurs à la même enseigne que la majorité des Soviétiques.

La misère, la guerre, l'effroyable occupation nazie avaient laissé les immenses terres de Russie et autres Républiques dans le dénuement le plus total. J'ai assisté sur la route du retour, en gare de Jmerinka, à la ruée des paysans ukrainiens avides du plus petit morceau de chiffon, du moindre vêtement que les rapatriés étaient décidés à leur céder moyennant un troc à la vodka frelatée ou contre une quelconque nourriture.

Et les survivants, ces hommes « normaux » avant la guerre, traînaient, tous, sans exception, une histoire invraisemblable pour des cerveaux standards. Chaque être rencontré n'était qu'un incroyable roman vrai, issu d'un cauchemar vécu éveillé dans l'atmosphère et les décors insensés inventés par les Jérôme Bosch du XXe siècle.

Voici l'histoire de Srul... Un rescapé de la Pologne occupée.

... Jeune, la trentaine, marié, deux enfants, lorsque la guerre éclate. C'est un de ces innombrables bonnetiers juifs comme la Pologne en comptait tant à Varsovie.

La guerre. Le désastre. Les problèmes qui tombent comme des flocons en hiver. Ghetto. Sa femme et ses deux petits sont embarqués sur quelque *Umschlagplatz*[1] dans un train qui a pour destination l'inconnu, Treblinka ou une fosse commune.

Srul réussit à quitter le ghetto et, moyennant finances, trouve refuge dans une lointaine campagne.

La guerre dure. Ses fonds s'épuisent.

Un jour, il entend discuter les deux paysans qui l'abritent. De quoi parlent-ils ces braves gens ? Des combats ? De l'hiver précoce ? Des réquisitions allemandes ? Non, ils discutent calmement de la mort de Srul. Le Juif n'a plus d'argent et ils ne vont pas risquer leur vie, car ils la risquent en planquant *ein Jude*, pour rien.

Srul a eu une idée géniale ce matin-là.

1. Lieu de rassemblement dans les ghettos des années quarante.

Il sort de sa cache, aborde les deux paysans et leur déclare :

– Je sais que vous voulez me tuer. Je vous ai entendus. Mais je vous préviens que vous en rendrez compte aux Russes qui sont maintenant tout proches. Vous ne le savez pas, mais je travaille pour eux, je suis un espion, et je les ai avertis que j'étais caché dans cette ferme où ils viendront me chercher. S'ils ne me trouvent pas ici, vivant, lorsqu'ils arriveront, vous serez fusillés tous les deux.

Srul est resté planqué chez eux jusqu'à l'arrivée des Soviétiques.

C'est de lui que je tiens cette petite phrase qui résume à la perfection les tensions entre certains Polacks et leurs concitoyens de la religion « mosaïque » : « Entre un Polonais innocent et un Allemand coupable, tue d'abord le Polonais. Tu es sûr de ne pas te tromper. »

Dans Cracovie enneigée, on voyait très peu d'enfants avec les rescapés.

Au Lager, les seuls qui survivaient à la sélection d'entrée ne servaient qu'aux *travaux scientifiques* du docteur Mengele. Avec des cas rarissimes comme celui de Yanek…

Yanek… Ce n'est pas son prénom.

Récit de la vie d'un enfant dans un univers où l'enfance n'a pas droit de cité.

Birkenau est un lieu où les petits meurent.

Tous ! Qu'ils soient malades ou pas. Tous ! Sauf une ou deux exceptions. Voici l'histoire d'une exception, l'histoire d'un Gavroche de Pologne, que certains ont parfois croisé dans Birkenau…

Yanek… Le train qui l'amène sur la Rampe est un convoi bourré jusqu'à la gueule de Juifs provisoirement survivants de Cracovie, de Sosnowiec ou d'ailleurs. Éjections. Déjections. La foule coule sur le quai dans des remugles de peur, de fureur, de folie. Les familles se scindent dans la panique : les hommes d'un côté, les femmes et les enfants de l'autre.

Les amours éclatent, les haines s'achèvent, les amitiés se brisent. Chacun n'est plus qu'un atome de solitude cherchant un repère de vie, un jalon d'espoir. Mais il n'y a là qu'un quai, des hommes en armes et des wagons qu'on regrette déjà, parce que là, tant qu'on n'était pas arrivé…

… Les groupes disloqués défilent devant les SS.

Et une voix, la Voix, parle :

– Ceux qui sont fatigués par le voyage peuvent se rendre au camp en camions. A droite, les fatigués, les épuisés, les vieillards, à droite. Direction : les camions !

Les femmes qui tiennent des enfants sur la poitrine ou qui tirent un marmot à bout de bras sont dirigées vers les voitures. Les bêtes de métal ronronnent au bout du quai, accueillantes et paisibles, avec leurs marques bien connues. Il est bon le matériel auto chez les Allemands, il est solide, rassurant ; et Yanek, descendu du train, suit la foule. Il a neuf ans, Yanek, et, depuis six mois, il vit seul. Les parents ont disparu sur un quelconque *Umschlagplatz*, les oncles, envolés dans une rafle, ne donnent plus signe de vie, les cousins, transplantés dans un camp inconnu, n'écrivent pas. Le gamin survit, aidé, repoussé, recueilli de-ci, de-là, par des hommes et des femmes rencontrés au hasard.

Il a neuf ans, Yanek, et ce n'est plus qu'un vieillard, une boule hypersensible et désespérée dont l'âme a blanchi et qui sait tout, qui n'a plus rien à apprendre, ni à craindre, ni à comprendre, ni à croire, ni à aimer.

Il a neuf ans, Yanek. Il suit la foule, aperçoit les camions, oblique à gauche pour les éviter. Il sait. Pas de camion pour lui. Il a neuf ans. Il sait. Donc à gauche, vite. Les gardes poussent, rabattent la foule qui dérape vers la droite. Et Yanek se retrouve sur le plateau du dernier véhicule.

Le convoi démarre. Quatre Mercedes, quatre camions gris, escorte de luxe suivie de l'ambulance verte. Le tout couvert par la moto du chef de camp, une étincelante machine qui ferme la marche et traîne comme une luciole sur le chemin jaune.

Yanek sait car il a neuf ans. Il enjambe la ridelle, saute. L'enfant tombe, se relève indemne.

L'ambulance et la moto s'immobilisent. Le conducteur SS s'éjecte, se précipite.

– En voilà des façons ! Tu n'aimes pas nos camions ? Allons, monte dans l'ambulance.

Le gamin, bouclé dans la voiture ornée du sigle volé à la Croix-Rouge, regarde la moto qui ondule dans le sillage du convoi. Et parce qu'un Juif de neuf ans ne croit plus en rien, Yanek parvient à déboucler la porte du véhicule et à sauter.

La moto s'arrête. Le jeune garçon, blanc de poussière, s'immobilise devant le *Lagerführer*, le SS chef de camp de Birkenau, le roi du Lager, Sa Majesté la Mort !

– Eh bien, petit ! Tu n'aimes décidément pas nos voitures.

L'enfant, au garde-à-vous, lève la tête vers les cent quatre-vingt-dix centimètres du grand chef, *Herr Schwarzhuber*, le maître du Lager.

– Non, je préfère aller à pied car je suis capable de travailler avec les hommes.

Yanek, lèvres serrées, attend le verdict sans illusion. Au pays de Nulle Part, dans un camp d'extermination, la condamnation n'a pas de limite d'âge. La peine de mort ne s'applique pas à partir de douze ans, de seize ans ou de la majorité, mais est exécutoire dès la naissance. Immédiatement.

– Tu es capable de travailler, toi ? Tu ne crois pas que tu es trop jeune ?

– Non, je peux travailler.

– Qu'est-ce qu'un petit garçon comme toi est donc capable de faire, dis-moi ?

Et le bambin, toujours au garde-à-vous, réplique :

– Eh bien, cirer des bottes, par exemple.

Le SS éclate de rire, embarque Yanek sur la moto.

Devenu *Läufer*, coursier, adopté par l'univers des pyjamas et par les SS, le gamin a survécu. Après la guerre, il a trouvé refuge à Paris et y a fondé une famille.

Cette histoire m'a été racontée par un ami d'enfance, déporté dans le premier convoi de France, qui a fait presque trois ans d'Auschwitz, qui a servi de cobaye humain et que tous les rescapés connaissent. Un homme digne de foi, qui s'est dévoué pour aider les déportés français dans la mesure de ses moyens, un garçon qui a vécu toutes les horreurs du monde concentrationnaire et dont je ne donnerai que le surnom : Simon-des-cuisines. Rien à voir avec mon compagnon d'exode cracovien.

C'est le même homme qui m'a raconté un fait qui ne fut pas unique…

… Sur la Rampe, à l'arrivée d'un convoi polonais.

Débarquement désordonné des déportés dans

l'atmosphère de mort qu'ils sentent imminente car ce sont des hommes et des femmes des ghettos. Ils n'ignorent rien de ce qui va se passer. Ce n'est pas par hasard que le chant des partisans juifs commence par ces mots : « Ne dis jamais que tu suis ton dernier chemin.. »

L'antisémitisme traditionnel, ils le connaissaient depuis des siècles. Mais, à dater de septembre 39, en un parcours initiatique fou de quelques mois, ils ont découvert les hallucinations collectives des nazis et leurs conséquences.

Un pyjama, avec les hommes du Canada, attend que le train soit vide de ses passagers pour commencer le nettoyage des wagons à bestiaux.

Dans la colonne, il remarque une très jeune femme qui marche en serrant contre elle un nourrisson de quelques mois. Près d'elle, trottine une vieille femme, une grand-mère.

Pour le « Canadien », aucun doute, dans deux heures il ne restera rien de la babouchka, de la maman et du bébé. Les deux femmes et l'enfant n'iront pas plus loin que les camions.

Sans réfléchir, sous la pression d'une impulsion violente, sans réfléchir car d'habitude il ne se mêle que de ce qui le regarde, avec le risque d'être abattu sur-le-champ si un garde comprend ce qu'il fait, il s'adresse à la jeune femme et lui dit :

– Confiez-moi le bébé, un instant. Vous marcherez mieux seule.

L'autre, sonnée par le voyage, ravagée par l'angoisse, presque machinalement, lui passe l'enfant qu'il tend aussitôt à la grand-mère.

La vieille regarde le pyjama, regarde le petit et, sans qu'un mot soit échangé, prend le bambin, le plaque contre son cœur, lui murmure des mots inaudibles.

Cernée par la foule, poussée par le flot, la jeune mère s'éloigne. Elle se retourne, tente de revenir, mais la pression est telle que l'écart grandit.

La tête de colonne diverge. « A gauche ! A droite ! », et la femme part à gauche. Naturellement, la vieille et l'enfant prennent le camion.

Quelques minutes plus tard, l'homme du Canada passe devant la jeune femme bloquée dans le groupe qui vient de gagner le droit provisoire de vivre encore un peu et encaisse la plus terrible malédiction qu'une bouche humaine puisse formuler, la plus épouvantable bouffée de haine qu'un individu ait jamais reçue.

La mère savait... Et elle l'insultait... Elle savait... que le garçon en uniforme à rayures venait de lui sauver la vie, mais son sauveur n'était pour elle qu'un salaud qui l'avait privée de son bébé. Pour elle, cette séparation était pire que la mort.

Il est arrivé qu'un des rescapés rencontrés tienne à me montrer le ghetto-camp de Plaszow, dans la banlieue de Cracovie. Je l'ai remercié. Avoir connu la maison mère de tous les lieux infâmes de la Seconde Guerre mondiale ne m'incite guère à jouer les touristes dans des endroits où ne restent que des ombres. Je dispose d'un privilège pesant, une mémoire à vif, et je n'éprouve aucun goût ni besoin de pèlerinage. Ah, que l'amnésie doit être agréable à vivre…

Jamais je ne suis retourné à Auschwitz. Jamais je n'y retournerai.

*

Mars 1945. Cracovie.

L'hiver s'achève dans une alternance de bourrasques et de jets de soleil avant le magnifique déboulé du printemps de l'Est européen.

La guerre continue. Tous les jours, nous faisons un détour vers un immeuble où est affiché un journal mural. L'Allemagne rétrécit comme un tissu au lavage, s'amenuise, se vide de son sang. Mais pas question de retour vers l'ouest pour les milliers d'hommes qui traînent en Galicie polonaise.

Sur le Rynek, les rumeurs vont bon train. Les Russes regroupent les étrangers dans un bâtiment sous leur contrôle, en attendant un rapatriement possible. Bobards.

Et, un jour, le bruit devient vérité. Dans une

caserne excentrée, les hommes en attente de rapatriement sont regroupés.

Test. Voir d'abord. La bande des quatre copains se pointe à l'entrée. Inscriptions sur une longue liste. Je m'appelle toujours Souverbielle. Mais, cette fois encore, interdit de ressortir.

Lors d'une escapade, nous sommes allés saluer la prof de français dont nous étions les locataires. Elle nous a présenté une de ses amies, une authentique aristocrate russe, réfugiée en Pologne depuis le changement de régime à Petrograd. Simon et moi avons eu droit à une violente diatribe sur les « ignobles femmes juives qui ont pris d'assaut et saccagé le palais d'Hiver, en 1917 »... Adieux courtois, malgré tout. Baisemain ironique. Je me souviens, avec stupéfaction, du nombre de Polonais qui pratiquaient cet hommage parfaitement archaïque pour nous. En exagérant un peu, je crois qu'il n'existe que deux catégories de Polonais, ceux qui vous baisent la main en disant « *Prosze pana* », je vous en prie, madame, et ceux qui ne peuvent prononcer deux mots sans ajouter : « *Skourve sinn!* », fils de pute.

Les Polonais nous envient de rentrer en France. Je les comprends.

Nous sommes aussi passés chez les *Frangines* pour les saluer. Moment d'émotion lorsque la religieuse qui pleure son frère éclate en sanglots en nous voyant franchir, pour la dernière fois, le seuil du couvent.

Centre de rapatriement. Nous nous retrouvons logés dans une immense chambrée, avec des *coya* garnis de paille pour couchette.

Une caserne, russe, polonaise, allemande ou française, reste une caserne : un endroit généralement gris, avec un confort rudimentaire. Mais nous avons des douches et c'est un bien précieux.

Le tour du propriétaire nous révèle un tas de munitions entassées dans un coin avec interdiction d'y toucher. Toujours l'ordre et l'organisation soviétiques. Ce qui fait qu'un garçon, prisonnier de guerre français, va y laisser sa peau en jouant et en se faisant sauter avec une *Tellermine*, une mine-assiette.

Nourriture : pendant des jours, nous n'avons eu qu'un plat unique au menu, du millet au lard. De ce fait, l'arrivée du repas était accueillie d'un hurlement qui s'est vite institutionnalisé : toute la chambrée grimpait sur le *coya* et, poings fermés sur les hanches, mimait les battements d'ailes d'un oiseau, tandis que tous les hommes criaient en chœur : « Cui, cui… cui, cui ! »

Puis le régime s'est amélioré. J'avais repris dix-sept kilos lorsque je suis rentré en France.

Autre distraction : regarder les escadrilles

d'avions russes qui, en formation de combat, filaient vers l'ouest. A leur retour, nous recomptions les appareils revenus de mission. Leur nombre était toujours moindre qu'à l'aller.

Je passe sur les discussions politiques qui divisaient les Français, entre les inconditionnels de Pétain, ceux qui n'arrivaient pas à le voir en traître et mettaient tous les crimes des collabos sur le dos de Laval, et tous leurs opposants, entre autres les communistes avec leur froide logique. Conflits verbaux et passionnés, voire passionnels. J'ai déploré alors l'absence d'un garçon avec qui j'avais été ami, un redoutable théoricien de l'ultra-gauche, Henri-Roger K., prisonnier au fort Montluc où il était torturé et qui, envoyé à la prison Saint-Paul, a été joint par erreur à notre convoi le jour du départ. Il avait vingt et quelques années, s'affichait trotskiste. Lui aussi a disparu le 3 octobre 1944.

Pas question de balade en ville. Alors, nous faisons le mur. Pour sortir de la caserne, rien de plus simple. Un énorme tas de terre, accolé à la clôture, nous offre son faîte. Il ne reste plus qu'à sauter sans histoires.

Le problème est celui du retour. Impossible d'escalader la muraille. S'impose la solution d'entrer par la porte devant la sentinelle hilare qui alerte le poste de garde, et nous nous retrouvons régulièrement dans une cellule de la prison. Mais, volontairement ou pas, le bidasse russe repart en laissant ouverte la porte de notre cage. Résultat ? Cinq minutes après notre arrestation, nous rejoignons les copains délirant et fumant sur leur tas de paille.

Le printemps arrive. Nous apprenons la mort de Roosevelt. L'Allemagne continue de s'amenuiser et nous de nous impatienter. Puis, un beau jour, un premier convoi quitte la caserne pour la gare de Cracovie. Retour par la Russie.

Un matin, convocation devant les autorités de la caserne. Nous défilons un par un devant les bureaucrates russes et sommes inscrits sur la liste des prochains partants. Nous rentrerons par l'URSS et embarquerons à Odessa pour Marseille.

Cracovie. Dernière semaine d'avril 45.

Le grand jour est arrivé. On rentre à la maison. Toujours sans bagages, comme lors de l'arrivée. Seule la tête est lourde. Simon trimballe, en guise de souvenir, une veste du Lager.

Nous voici à la gare. Un détail me frappe et j'en fais la remarque à Simon.

– Ils ne sont pas près de partir d'ici, les Rouskis, regarde.

Et je lui montre les traverses du chemin de fer où un des rails a été déplacé pour que la voie soit mise à l'écartement russe différent de l'européen.

Eintreten ! Dernier rassemblement. Embarquement ! Wagons à bestiaux. Mais, dans ce train-là, les portières sont ouvertes, l'escorte n'est pas armée et nous sommes à l'aise question place.

*

Le train roule.

Dernier salut aux ombres dont je n'ai pas parlé, à toute la bande de jeunes de mon convoi, aux volontaires du *Bombenkommando*[1], à ceux que j'ai aimés et à ceux que j'ai détestés, à ceux dont la chance n'a pas voulu. Salut à Roger qui, en dehors de l'horreur banale et quotidienne, a vécu un martyre supplémentaire à Auschwitz parce qu'il avait gardé un souvenir cuisant d'une nuit d'amour avec une fille de Voiron.

Roger… jamais revu non plus. Un garçon qui pratiquait la chiromancie et qui, « lisant » dans ma main, m'avait dit à Birkenau, dans la baraque : « Toi, tu as une ligne de chance et une ligne de vie incroyables. Tu vas t'en sortir. »

1. Kommando de démineurs. Le seul composé de « volontaires » parce qu'on n'y était pas frappé et que la nourriture était plus copieuse.

J'ai beau détester les astrologues, me foutre éperdument des tireurs de cartes, mépriser tout ce qui touche à la prévision irrationnelle de l'avenir, j'avoue qu'entendre ça, à cent, deux cents mètres, des chambres à gaz, ça aide !

Après Lvov, l'ex-Lemberg, nous sortons définitivement des confins de ce qui fut l'Empire autrichien. Voici l'Ukraine jusqu'à l'horizon, une terre immense et plate.

Misère, misère, misère. La plaine, la plaine, la plaine. Des ruines, des ruines, des ruines.

Nous mettons près de quatre jours pour rejoindre Odessa, en perdant des heures à attendre une loco dans des gares isolées, des bleds aux noms imprononçables. Toujours comme à l'aller… lorsque nous attendions une machine dont nous espérions qu'elle n'arriverait jamais. Maintenant, c'est l'inverse : plus vite nous serons sur le bateau, mieux ça ira.

Cependant, le moral redescend chez tous les candidats au voyage. Car vient en tête de nos angoisses la hantise de ce que nous allons retrouver. Nous n'avons qu'un but, revoir la France, mais aucun des passagers de ce train bizarre ne possède la moindre perspective d'avenir.

Halte à Jmerinka. Un quai de bois, des voies ferrées, deux baraques en fait de gare et le néant. La guerre est passée par ici.

Des heures durant, nous stationnons là.

Escapade sur le quai. La foule grouille autour de nous. On dirait un marché avec ces hommes et ces femmes avides d'acheter tout ce qui se vend. Mais nous n'avons rien. Quelques pyjamas changent de main contre un peu de nourriture ou d'alcool.

Un homme semble assurer l'ordre sur le quai. C'est un garçon très jeune, en uniforme de l'Armée rouge. Sa *roubachka* est constellée de décorations. Une manche de sa tenue est vide. Il a laissé un bras à la guerre. Surprise : il s'adresse à nous en yiddish. C'est un Juif.

Un groupe se presse auprès d'un compagnon, le harcèle. Le manque est tel que même une veste faite d'un méchant tissu de coton, une banale tenue de bagnard, semble être le summum de la convoitise chez ces paysans.

L'homme hésite, interroge du regard le soldat mutilé.

Et là tombe une phrase qui me bouleverse. Nous sommes en URSS, chez ceux qui nous ont libérés, et d'un coup nous retrouvons le passé. Le manchot s'adresse au garçon et lui dit :

– Donne plutôt ta veste à cette vieille femme juive dont le fils est mort au front qu'à cet antisémite ukrainien.

Antisémite ! En URSS ? Impossible. En fait, ce mot a été la dernière gifle que j'ai reçue. Morale, celle-là, et peut-être la plus douloureuse.

C'est là que Simon a échangé son vêtement de bagnard contre la bouteille de vodka dont j'ai déjà parlé.

Le train roule, toujours aussi doucement. Juste avant Odessa, dans la banlieue, le convoi s'arrête. Entassés les uns sur les autres, des cubes de pierres tombales ont l'air de faire la haie devant nous. Ornées de caractères hébraïques, ce sont les stèles des cimetières juifs saccagés qui semblent nous saluer. Mais ce ne sont que des morts de granit qui regardent passer des morts vivants.

Et voici Odessa où nous débarquons pour être aussitôt bouclés dans un bâtiment gardé par des hommes à casquettes vertes, les flics politiques.

Le lendemain, toujours encadrés, nous sommes conduits en ville, dans une sorte de bains-douches publics. Durant la balade pédestre dans la métropole ukrainienne, je découvre une cité superbe. Sur les quelques centaines de mètres parcourus à pied, nous sommes assaillis par une foule identique à celle de Jmerinka, avide de se procurer le moindre objet disponible. Les policiers ne tardent pas à y mettre de l'ordre. Pas tendres, ces messieurs !

Retour au bâtiment. Contrôle. Un à un, nous passons devant un groupe de militaires, tous très jeunes, qui parlent le français. Interrogatoire d'identité. Questions sur notre passé. Tout se déroule sans tension. Visiblement, ils ont reçu des instructions.

Nous sommes rééquipés à neuf et me voilà transformé avec ma tenue d'été de l'Armée rouge.

1er Mai. Bouclés, nous ne voyons rien des commémorations qui se déroulent en ville. Nous embarquons le lendemain.

*

A bord du *Bergensfjord*. 10 mai 1945.

Le trait noir qui se profile au loin et qui casse l'horizon est la côte française.

Deux petits navires gris de la Royale viennent nous encadrer à l'arrière et nous font une courte escorte.

Une ville grandit, se rapproche, devient géante. Marseille est là, à toucher. Le bateau vient s'amarrer à un quai. Sur le mur, une inscription à la peinture noire : *Cap Janet*. Je ne connais pas Marseille et j'ignore que le cap Janet est un des postes d'amarrage du port.

Le voyage s'achève. Le *Bergensfjord* est amarré. Les ponts sont noirs de monde. Tous les lauréats du voyage, tous les rescapés d'un long naufrage individuel et collectif, tous regardent cette ville tant attendue.

Un « hou » furieux se fait entendre. Tous les hommes huent un soldat allemand qui travaille sur le quai. Il porte les lettres « PG », prisonnier de guerre, peintes sur son uniforme et, appuyé sur sa pelle, il épluche tranquillement un fruit.

Nous débarquons le lendemain.

Bus. Nous nous retrouvons dans une bâtisse administrative et, après avoir été douchés et aspergés d'une poudre blanche qui s'appelle le DDT, un désinfectant, nous passons dans une salle gigantesque.

Derrière de petites tables, des hommes nous accueillent. La Sécurité militaire. Interrogatoire. Plus serré que celui des Russes. Contrôle dans des fichiers de bois. Nom, pseudo, tout doit être décliné. Et je reçois l'exeat, la carte de rapatrié qui va me permettre de retrouver ma véritable identité. Le 11 mai 1945, à Marseille, j'ai cessé d'être Jules Joseph Souverbielle.

Contrôle financier. Tous ceux qui possèdent des marks doivent les changer. Nous avons le droit d'envoyer un télégramme à nos proches. Le formulaire est tout prêt. Ne reste qu'à indiquer le nom du destinataire et la signature. Je me rappelle encore de la formulation : « Suis rentré France. Santé bonne. Arrivée imminente. »

A qui envoyer le message ? Je ne sais rien, et ne

suis pas le seul, de ma famille. Je décide d'en envoyer trois. A mes parents, à leur adresse d'avant guerre à Paris. Et à mes deux oncles. En fait, les trois dépêches arriveront à destination.

Les formalités se terminent avec la remise d'un bon de voyage pour le train et d'une petite somme d'argent.

*

Marseille. 11 mai 1945.

La bande de copains éclate. Henri et Armand partent pour une destination où ils espèrent retrouver un lien familial ou amical. On se fixe des points de repêchage pour d'éventuelles retrouvailles.

Simon et moi montons à Paris. C'est là que j'ai le plus de chances de retrouver quelqu'un de mon entourage, s'il existe encore.

Marseille. Saint-Charles. Voiture de troisième classe.

Un long voyage commence qui va durer dix-huit heures. Un voyage haché à chaque gare par des hommes et des femmes qui se précipitent aux arrêts : Arles, Avignon... Des êtres angoissés qui cherchent un disparu et qui guettent tous les trains qui ramènent des rapatriés. Et toujours la même photo à la main, et toujours la même lueur d'espoir dans les yeux, et toujours la même question :

« Vous n'avez pas connu cet homme, cette femme ? » Les clichés exhibés sont ceux d'êtres normaux et montrent des visages aux joues pleines, aux crânes chevelus. Nous n'avons en mémoire que des faces vides, des têtes rasées, des yeux sans espoir.

Après Valence, je ne me montre plus.

*

Paris. 12 mai 1945.

Le train traverse la banlieue. Tiens, on passe par Juvisy et non par Villeneuve-Saint-Georges.

– Toutes les voies ne doivent pas être reconstruites, dit Simon.

Gare de Lyon. Une foule immense sur le quai. J'avance très vite.

Personne ne m'attend. Je suis alpagué par une infirmière de la Croix-Rouge. Forcément, un homme habillé d'une *roubachka*, au calot orné d'une étoile soviétique – un cadeau d'un soldat –, ce n'est pas banal.

La fille souriante me parle.

– Rapatrié ?

– Oui.

– Déporté ? Prisonnier ?

– Déporté.

– Vous avez quelqu'un à Paris ?

– Je ne sais pas. Je vais à mon ancienne adresse. Je ne vais pas tarder à le savoir.

– De toute façon, il faudra que vous passiez à l'hôtel Lutétia, boulevard Raspail, c'est le centre d'accueil des déportés.

– J'irai demain. Je veux d'abord savoir si j'ai un chez-moi.

Elle me salue de la main, se dirige vers un autre groupe.

En fait, mes parents avaient reçu mon télégramme et mon père m'a attendu dans la foule de la gare de Lyon. Il ne m'a pas vu ou pas reconnu. Long malentendu père-fils… Nous avons toujours eu de l'affection et du respect l'un pour l'autre mais nous n'avons jamais réussi à nous parler, à nous rencontrer. Nous nous sommes encore manqués. Ça confirme que je suis bien de retour…

Métro. Cafouillage. Je n'ai plus l'habitude de Paris que j'ai quitté en juin 40.

Les gens me regardent, se demandent qui est cet étrange voyageur qui porte un uniforme qui n'a rien à voir avec celui des GI's et des Anglais.

Je m'éjecte à Strasbourg-Saint-Denis, nous habitions rue Beauregard, et j'hésite sur le boulevard, devant la porte monumentale, pour enfin retrouver mes marques.

Je grimpe la rampe qui domine le boulevard, retrouve les vieilles maisons du quartier. Rien n'a changé. La librairie porno de la rue de la Lune, la boutique de Joseph, le coiffeur, les deux bordels sont toujours là, mais ils arborent un panneau en anglais : « *Off limits !* »

Voilà l'immeuble où j'ai vécu jusqu'à l'exode, en face de l'église Notre-Dame de Bonne-Nouvelle. Bonne, mauvaise… Je ne vais pas tarder à le savoir.

Je frappe chez la concierge. J'ai la gorge sèche. La gardienne n'a pas changé. Elle me regarde, ne me reconnaît pas. Je me présente. Elle me sourit. Questions.

– Mes parents… ma sœur… Ils sont là ?

– Oui.

– Ils sont prévenus de mon arrivée ?

– Je leur ai donné votre télégramme aujourd'hui. Votre mère m'a dit que vous n'alliez pas tarder.

Je grimpe les étages. Troisième. C'est là.

Temps d'arrêt. Je sonne.

J'entends la voix de ma mère et son trottinement.

– Tiens, voilà le petit Jojo.

Le petit Jojo… Il ne s'agit pas de moi, mais du diminutif du prénom d'un de mes cousins, un gamin de sept ans qui s'appelle aussi Joseph. Mais cette fois, ce n'est pas le petit Jojo qui sonne, c'est un inconnu de lui et des autres, un fantôme en chair et en os, un garçon de vingt et un ans qui traîne avec lui dix siècles de mémoire.

Le bruit de pas s'arrête. La porte s'ouvre.

*

Et ensuite ?

Ma mère m'a préparé un lit normal avec sommier, matelas, couvertures, oreillers. Bien entendu, je n'ai pas, physiquement, supporté la douceur d'une telle couche et je me suis allongé par terre. J'ai mis du temps à me réadapter à dormir autrement.

Et mes compagnons de route ?

Henri est revenu à Paris mais j'ai très vite cessé toute relation avec lui. Toujours aux aguets, à l'affût du moindre objet à récupérer, il n'arrivait pas à s'adapter à sa nouvelle condition. Il virait au truand.

J'ai revu Armand trois ou quatre fois. Sa sœur est rentrée de déportation, pas le reste de sa famille. Un garçon sympathique mais nous n'avions, soudain, plus rien à nous dire. Nous possédions un bref et très dur passé en commun mais pas de matériau pour tisser des liens d'avenir.

Simon ? Bien sûr, nous nous sommes rencontrés de nouveau.

Invité chez mes parents, il a longuement bavardé avec eux. Il m'a paru bouleversé, j'avais une famille intacte, lui n'avait que des ombres. Une famille… Un miracle, à cette époque. Et, soudain, nous ne l'avons plus revu. Je suis allé le chercher chez lui, il habitait rue de Lourmel, dans le XVe. Le concierge de l'immeuble m'a dit qu'il était parti sans laisser d'adresse. Je ne l'ai jamais plus rencontré. Disparu…

Quant à moi, la semaine suivante, je suis allé rue Saint-Denis et j'ai pris ma première leçon pour faire *fick-fick* à la française. La guerre était vraiment finie, je n'étais plus puceau.

Et la vie a repris son cours. Dans les jours qui ont suivi, mes cousins m'ont entraîné dans un dancing, le Coliseum, rue de Rochechouart. Je me suis retrouvé dans une foule de jeunes garçons et de filles, aux vêtements décents, aux chevelures soignées, aux joues bien pleines malgré les restrictions alimentaires encore en vigueur. Un orchestre jouait et alternait musique sud-américaine, swing et musette. Les couples se formaient, s'enlaçaient. Je restais en marge, incapable d'entrer dans le jeu. Une fille du groupe m'a pris par la main.

– Viens danser un tango avec moi.

Pendant l'Occupation, en France, les bals étaient interdits. Même la danse était clandestine.

Tout me semblait irréel, ces hommes, ces femmes, ces couples qui mimaient en dansant les gestes de l'amour, cet orchestre qui rythmait le plaisir de la rencontre. J'avais la tête bourrée d'images explosives, de marches militaires allemandes jouées au départ et au retour des kommandos et je me demandais ce que je foutais dans cet antre. Et, là aussi, il m'a fallu faire un apprentissage pour encaisser la douceur du temps de paix.

J'ai marché sur les pieds de ma danseuse. Elle a souri. Un sourire... Oui, la guerre était finie.

*

Je pourrais continuer avec d'autres récits de gens rencontrés, croisés un bref instant, d'êtres jamais oubliés, et ne pas arrêter là le récit de la libération d'Auschwitz. Je pourrais, sans effort, raconter la journée où nous avons dû participer au déblaiement du block des tailleurs. Bâtiment détruit par une bombe russe larguée lors d'un raid soviétique et qui avait raté son objectif (hors du camp). Des ruines, des morceaux d'hommes...

Mais la mémoire sans réflexion ne sert à rien. Avoir fait partie du cheptel à abattre dans un abattoir industriel pour humains oblige après coup à s'interroger sur bourreaux et victimes.

Que conclure de cette tragédie ?

En premier lieu, c'est en Haute-Silésie, dans cette maison des morts appelée Birkenau-Auschwitz, que s'est terminée l'histoire des Juifs, l'immense saga du peuple des croyants. En fait, un peuple fantôme car les Juifs n'ont jamais existé. Il n'y a eu dans l'Histoire que des SS et leur contraire. Et ceux qu'on appelle les Juifs ne sont que ce contraire.

Mais il est fini, ce contraire, il est achevé ce peuple pieux. Terminée l'épopée de ces hommes à la nuque raide qui savaient mourir debout en ne renonçant pas à leurs convictions. Des êtres qui ne tuaient pas, qui ne demandaient rien, qui ne suppliaient pas et qui crevaient en criant : « Écoute, Israël ! L'Éternel est notre Dieu, l'Éternel est un ! » Ces hommes, abandonnés de tous, ont flambé au cœur de l'Europe du XXe siècle.

La Maison de Jacob sera du feu
La Maison de Joseph, une flamme.

Ce peuple, cette poignée d'hommes sanctifiée par le sang coulant de ses millions de plaies, ce peuple oint par ses larmes, purifié par son incorrigible foi, par son incoercible attachement à son dieu, a achevé son parcours dans les terres pourries de l'Est européen.

Oui, achevée l'odyssée.

Les Juifs étaient le Verbe, la Loi.

L'épée et la force restaient l'apanage des SS.

Les uns disaient sciences, les autres répondaient délires, bûchers et n'étaient que cris et hurlements. Les uns priaient, les autres défilaient, se décoraient, se tuaient, se félicitaient, se commémoraient, ne croyaient qu'au chef qui commandait quand ceux qui imploraient le ciel n'acceptaient que le Maître qui enseignait.

Au Lager, ce peuple qui n'avait pas l'« honneur » des guerriers mais qui possédait jusqu'au fond des tripes la dignité du juste n'était plus composé que de torches humaines. Oui, chaque corps qui s'embrasait dans un four crématoire, dans une fosse, chaque flamme d'Auschwitz éteignait une étoile dans le ciel.

Désormais, il fera noir sur la terre, très noir.

Les bûchers, ces hommes les connaissaient et, de par leur mort, le monde environnant n'a pas fini de griller. Le feu va s'étendre, se répandre, gagner la planète entière.

La Maison d'Esaü, du chaume!
Elles l'embraseront et la dévoreront
Et nul ne survivra de la Maison d'Esaü.

Auschwitz n'est qu'un début. Viendront Hiroshima, Nagasaki et…

Par la faute des SS de tous les siècles, les Juifs formaient un peuple tragique mais libre. La liberté consiste à se convertir à la vie, oui, se convertir à chaque heure, à chaque seconde, à la vie et à elle seule. C'est ça, l'espérance… Même à Auschwitz, dans l'infra-humain, dans le jamais-vu, dans le non-possible, c'est ainsi qu'on triomphait du feu, lorsque le désespoir, lui-même, devenait désespéré et se transformait en néant car, alors, on pouvait renaître.

Les SS sont historiquement morts mais ils ont vaincu autrement. Ils ont gagné parce que, au-delà d'une certaine limite, les larmes des enfants obligent au combat. Le cri du ghetto de Varsovie a transformé les rêveurs en loups ; la cassure sera datée par les historiens : Pâques 1943. Les tueurs ont triomphé en détruisant l'esprit à Vilno, comme à Salonique, à Budapest, à Prague. Ils ont gagné parce qu'ils ont forcé les survivants à entrer dans le siècle, à se normaliser, et les Juifs deviendront ainsi aqueux : insipides, inodores, incolores.

Les SS ont gagné parce que, après Auschwitz, les Juifs seront assimilés au conformisme général et uniformisés par la nationalité, la conversion ou

Eretz Israël, et voilà pourquoi le Lager termine une épopée de quarante siècles. Mais le triomphe de l'Ordre noir tient surtout dans le fait qu'il a relativisé le meurtre, fait de l'assassinat une statistique, banalisé la torture, le crime collectif, inventé la mort globale, celle des hommes et de leur culture. Et ça, les humains ne l'oublieront pas, ça leur plaît ! Trop ! Beaucoup trop ! Voir les informations du jour…

*

Et pour moi ?

Voici ce que j'écrivais dans *La Gare sans nom* :

> *Nous sommes tous morts au Lager, tous. Un rescapé n'est qu'une apparence, une illusion à face humaine, qui continue à baiser, à manger, à travailler, à penser. Comme une dent dévitalisée. Elle est morte et continue sa fonction, mordre, dévorer, mais à l'intérieur c'est creux, vide…*

Au quotidien, c'est seulement à Auschwitz qu'il était possible de vivre et de mourir en même temps, et chaque déporté a irréversiblement éprouvé ce mélange contradictoire et confus de pulsions vitales et mortelles que les « libérés » n'ont jamais réussi à oublier. La mémoire des survivants est devenue cancéreuse puisqu'elle ne comporte plus que des cellules immortelles, celles du souvenir permanent. La prescription n'a pas joué, ne peut pas jouer dans le cerveau d'un ancien d'Auschwitz.

Je déteste le fameux « Pardonne, n'oublie pas », cette naïveté de boy-scout, cette pseudo-générosité qui fait mal aux oreilles, inventée par certains. Pour pardonner, il faut d'abord oublier. Or, chaque nuit, sans exception, les anciens du Lager y retournent. Pardonner quoi ? Pardonner la mort des enfants ? Des vieux ? Des femmes ? De ceux qui pensaient et de ceux qui créaient ? De tous ceux qui ont refusé de se soumettre à la mythologie germanique, à l'idiotie absolue du nazisme et à son crétinisme raciste ? Des êtres qui estimaient avoir le droit d'aimer et de voir le monde à leur guise ? A impossible oubli, impossible amnistie !

Récemment, je me suis rendu dans une clinique psychiatrique pour rendre visite à une amie hospitalisée.

Et là, dans un parc tranquille, je suis brutalement retourné au Lager.

Les hommes et les femmes que l'on soignait là avaient, tous, le regard de ceux que j'ai connus au camp. Ils étaient absents, d'eux-mêmes et des autres.

Bien entendu, ils ne subissaient pas de sévices

physiques et, normalement nourris, n'étaient aucunement des squelettes ambulants. De plus, le personnel hospitalier semblait chaleureux. Non, ils étaient seulement des êtres humains coupés du monde extérieur (encore que l'établissement en question soit à l'avant-garde et ne boucle pas les lieux par des grilles ou des murs), isolés d'eux-mêmes.

Face à eux, j'ai compris brutalement que tous les rescapés des camps étaient des schizophrènes. J'entends schizophrénie en son sens étymologique, « l'esprit fendu, l'âme brisée ». Avec un supplément, car tous les « revenants » sont en quelque sorte atteints d'autisme. Auschwitz vit intensément en chacun d'entre nous et nous laisse dans notre isolement avec « l'esprit fendu », comme si nous étions couverts par une immense bulle transparente. Nos mots, nos sons, nos sensations, nos sentiments bouillonnent dans nos têtes, ne sortent pas de l'enveloppe et nous reviennent en un écho que nous sommes toujours seuls à entendre.

Tous ceux qui sont passés par les Lager ont connu cette rupture de contact avec la réalité. Jusqu'au « mousoulmanisme », la vie continuait biologiquement de manière saccadée mais la perception de soi, des autres, n'était plus la même.

Les humains que j'ai vus à la clinique déambulaient dans le parc, mais toujours seuls. Je n'ai pas croisé un couple. Et ces marcheurs solitaires se parlaient à eux-mêmes sans que l'on puisse entendre le moindre son. Et eux-mêmes, s'entendaient-ils ?

C'est ce jour-là que je crois avoir compris pourquoi tant de rescapés se sont suicidés des années plus tard. Leur mort a été différée. Ils se sont heurtés à l'impossibilité de communiquer leur expérience aux autres. Or ne parler qu'à soi mène toujours à l'autodestruction. La mort de ces déportés ressemble d'ailleurs étrangement à celle qu'ils ont évitée au Lager.

Émilienne Barberon, déportée résistante, secrétaire de Benoît Frachon, ex-dirigeant de la CGT, est décédée en janvier 1980, *en se laissant mourir de faim.*

Primo Levi *s'est jeté dans le vide* en 1987. Comme ceux qui se jetaient sur les barbelés électrifiés.

La mère d'Art Spiegelman, ancienne déportée, *s'est suicidée* en 1968.

Bruno Bettelheim a fini sa vie en 1990, *en s'asphyxiant* avec un sac plastique autour de la tête.

Sans parler des annonces nécrologiques dans les journaux où on lit que d'anciens déportés ont demandé à être *incinérés,* par solidarité avec leurs camarades disparus.

Etc.

Etc.

Etc.

Je crois que ma mère a, peut-être, pressenti le vide sidéral dans lequel ont vécu les déportés. Jusqu'à sa mort, en 1972, elle fêtait mon anniversaire deux fois par an, le 10 août pour l'état civil, lorsqu'elle m'a mis au monde, et le 27 janvier, jour de ma « libération », date de ma sortie du monde. Elle ne m'a jamais posé de questions mais restait, les yeux mi-clos, totalement silencieuse, s'imprégnant de mes pauvres mots de tous les jours, lorsque je lui parlais de cette période de ma vie, lorsque j'ai vécu le « désespoir transformé en néant pour pouvoir essayer de renaître ».

Salut, les ombres !

Du même auteur

Le Salon du prêt-à-saigner
Grand Prix de Littérature policière
Gallimard, « Série noire », 1978
et « Folio Policier », n° 114

Babel-Ville
Gallimard, « Série noire », 1979
et « Folio Policier », n° 270

L'Annonce faite à Matcho
en collaboration avec Claude Courchay
Gallimard, « Série noire », 1981

Matcho et les fourmis blanches
en collaboration avec Claude Courchay
Gallimard, « Série noire », 1982

Rue du Chat-Crevé
Gallimard, « Série noire », 1982

Sigmund Fred ne répond plus
Denoël, 1982

Le Manteau de Saint Martin
Gallimard, « Série noire », 1985

Le Vent du Sud : Élizabeth
Prix européen de l'Adlef 1988
Belfond, 1988
et « J'ai Lu », n° 3088

Un violon pour Mozart
Prix Mystère de la critique 1990
Gallimard, « Série noire », 1989

La Nuit du souvenir
Gallimard, « Série noire », 1990

Le Royal-Bougnat
Gallimard, « Série noire », 1990

Le Vent du Sud : Judith
Belfond, 1990
et « J'ai Lu », n° 3098

Les Bagages d'Icare
Gallimard, « Série noire », 1991

La Main courante
Presses de la cité, « Fleuve noir », 1994

Le Semeur d'étincelles
Seuil, 1996
et « Points », n° P505

Vous prendrez bien une bière ?
Gallimard, « Série noire », 1997

Route-Story
Gallimard, « Série noire », 1998

La Gare sans nom
Seuil, 1998

Nursery Rhyme
Loup 1
Seuil, « Points », n° P640, 1999

Ô mort, vieux capitaine...
Loup 2
Seuil, « Points », n° P707, 2000

Le Sténopé
Loup 3
Seuil, « Points », n° P756, 2000

Le Numéro 10
Loup 4
Seuil, « Points », n° P883, 2001

La Chronique de Montauk Point
Seuil, 2004

La station Saint-Martin est fermée au public
Fayard, 2004

Belleville blues
Autrement, 2005

RÉALISATION : PAO ÉDITIONS DU SEUIL
IMPRESSION : S.N. FIRMIN-DIDOT AU MESNIL-SUR-L'ESTRÉE
DÉPÔT LÉGAL : SEPTEMBRE 2002. N° 54183-2 (74892)
IMPRIMÉ EN FRANCE